David O. Alabi

LE SEXE SANS PÉCHÉ

David O. Alabi

LE SEXE SANS PÉCHÉ

Un Guide Passionnant Pour Tous

Éditions Croix du Salut

Imprint
Any brand names and product names mentioned in this book are subject to trademark, brand or patent protection and are trademarks or registered trademarks of their respective holders. The use of brand names, product names, common names, trade names, product descriptions etc. even without a particular marking in this work is in no way to be construed to mean that such names may be regarded as unrestricted in respect of trademark and brand protection legislation and could thus be used by anyone.

Cover image: www.ingimage.com

Publisher:
Éditions Croix du Salut
is a trademark of
Dodo Books Indian Ocean Ltd. and OmniScriptum S.R.L publishing group

120 High Road, East Finchley, London, N2 9ED, United Kingdom
Str. Armeneasca 28/1, office 1, Chisinau MD-2012, Republic of Moldova, Europe
Managing Directors: Ieva Konstantinova, Victoria Ursu
info@omniscriptum.com

Printed at: see last page
ISBN: 978-3-330-70729-0

Traduit par : Oluseun F. Adegoke

CHAPITRE I : LE PRINCIPE DE LA CRÉATION

Le principe de la création dans la Bible nous dit que nous sommes créés pour avoir des relations sexuelles. Dieu nous a créés mâle et femelle dans le jardin. Cela montre qu'il a un plan spécial pour l'humanité lorsqu'il nous a créés mâle et femelle. Jusqu'à présent, là où il y a un homme et une femme, il y a forcément une attirance romantique l'un pour l'autre sur le plan sexuel. Il n'y a absolument rien que vous puissiez faire à ce sujet. La création vous le dit !

(a) Le principe des bénédictions divines en Eden - Gen. 1:28

Dieu les bénit et dit : "Soyez féconds, multipliez et remplissez la terre..."- Gen. 1:28. Tant que cela est écrit dans la Bible, vous avez le droit d'avoir des relations sexuelles. Les bénédictions de la fécondité, de la multiplicité et de la reconstitution ne peuvent être accomplies par d'autres moyens que la relation sexuelle entre un homme et une femme. Dieu aurait décidé d'accomplir un merveilleux miracle pour ces raisons, mais il a choisi des êtres humains qu'il a créés - un homme et une femme - pour accomplir le merveilleux miracle par le sexe.

(b) Un droit biologique

Le sexe est votre droit biologique en tant qu'être humain normal. La biologie de votre corps vous le dit, le sexe fait partie de votre constitution biologique. Par instinct, le désir de sexe doux est bien ancré dans votre corps. Personne ne peut le faire disparaître de votre corps. Il continuera à vivre avec vous jusqu'à ce que vous retourniez à la poussière d'où vous venez. Vous devez donc considérer le sexe comme faisant partie de votre droit biologique librement accordé par Dieu. Il est généralement partagé par tous les autres êtres humains comme vous dans le monde. En fait, il vous rend égal aux autres. Comme les autres ont l'instinct biologique du sexe, vous l'avez aussi. Aucune formation universitaire n'est nécessaire pour le posséder. Aucune qualification minimale ou maximale n'est requise. Il est biologiquement nécessaire et gratuit de la part de Dieu !

(c) Vous êtes un être sexuel

Tant que vous êtes un homme ou une femme, vous êtes un être sexuel. La vision biblique de la création nous dit que Dieu nous a créés mâle et femelle. Son intention était de créer des êtres sexuels qui le glorifieraient sur terre. Vous n'êtes pas un être asexué, mais un être sexuel. Le désir inné de sexe est en vous et aucune quantité de jeûnes et de prières ne peut le faire disparaître. Bien qu'il puisse être supprimé pendant un certain temps et qu'il doive être contrôlé, il ne peut être tué. Ce que l'on attend de vous, c'est de tuer son utilisation démesurée - l'immoralité.

(d) Un signe médical d'être sain

La capacité à avoir des rapports sexuels est un autre signe médical de votre bonne santé. Elle montre que vous êtes un être sain. Cela montre que vous n'avez pas besoin de soins médicaux dans le domaine de l'accouplement sexuel avec votre conjoint, à moins qu'il n'y ait quelque chose d'autre dans votre corps. Les frères n'ont pas besoin d'appeler à une vigilance spéciale pour votre bien parce que vous n'êtes pas bien quand il s'agit de la question de la fonction sexuelle. Dieu nous préserve de toute mauvaise chose !

(e) Le principe de la gloire de Dieu-1 Cor. 10:31

Nous sommes appelés à glorifier Dieu dans tout ce que nous mangeons ou faisons - Col. 3:17. Le sexe est destiné à la gloire de Dieu. Pas comme les bêtes qui n'ont pas de sens supérieur en elles. L'homme est créé à l'image et à la ressemblance de Dieu. Il possède donc un sens, une intelligence et un raisonnement supérieurs à ceux des animaux. L'expression sexuelle fait partie de l'instrument par lequel nous sommes appelés à glorifier Dieu. Son abus ou son mauvais usage équivaut à la déchéance et au déshonneur de soi devant Dieu.

(f) Le principe du mariage honorable

La Bible dit que le mariage est honorable pour tous, et que le lit est exempt de souillure, mais que Dieu jugera les fornicateurs et les adultères - Héb. 13:4. Le mot anglais traduit par lit dans le mot grec de ce passage signifie en fait "coitus", c'est-à-dire rapport sexuel. Cela montre qu'il est permis d'avoir des relations sexuelles. Afin de faire avancer le programme de Dieu pour l'humanité, le sexe doit être réalisé.

Après avoir dit toutes ces raisons, vous pouvez vous demander pourquoi toutes ces prédications contre le sexe ? La prédication n'est pas contre le sexe en soi, mais contre son abus et sa mauvaise utilisation. Si vous êtes autorisé à avoir des relations sexuelles, vous devriez vous demander : "Quand ? Où ? Avec qui ? Etc.

Répondons à ces questions maintenant :

i. Quand ? C'est quand vous êtes bibliquement et légalement marié à un mari ou à une femme. C'est lorsque l'Église - les saints, vos parents et le gouvernement reconnaissent.

ii) Où ? Dans le jardin du mariage. Le sexe est destiné au jardin du mariage - votre propre jardin d'Eden. Toute intimité sexuelle en dehors de votre mariage est en dehors du jardin du mariage. Ceux qui l'ont fait en dehors du jardin ont dormi sur les épines et les chardons. Pas étonnant qu'ils aient été blessés, chassés et blessés.

iii) Avec qui ? C'est avec votre propre Adam ou Eve - avec votre propre mari ou femme. Ce n'est pas avec le papa ou la maman en sucre. Ce n'est pas avec un frère ou une sœur dans la fraternité. Ce n'est pas avec votre patron ou votre secrétaire au bureau. Ce n'est pas avec les étudiants sous vos ordres au nom de la supervision d'un projet ou avec vos professeurs au nom de l'obtention de meilleures notes. Ce n'est pas avec votre aide financière ou votre bienfaiteur. Ce n'est pas avec un compagnon de lit ou un compagnon sexuel. Encore une fois, c'est avec votre propre conjoint personnel et légal. C'est le sexe sans péché. En dehors de cela, c'est du sexe avec péché. C'est pécheur, souillé, honteux et contraire au dessein de Dieu pour votre bien-être et votre vie sur terre.

Pour certains, le sexe n'est qu'un plaisir. Pour beaucoup, il s'agit d'un rite de passage qui doit être accompli parce qu'ils ont terminé leurs études secondaires ou parce qu'ils sont dans des établissements d'enseignement supérieur. Nombreux sont ceux qui ne sont pas devenus dévergondés ou prostitués avant d'avoir été admis dans des établissements supérieurs. Le fait d'être à l'université, à l'école polytechnique ou au collège d'enseignement n'est pas synonyme de perversion sexuelle. Frères, surveillez votre vie, sœurs, surveillez votre nudité, votre séduction sexuelle et vos styles de vie. Ce que vous essayez d'exposer sur votre poitrine et sous votre jupe maintenant peut vous faire regretter toute votre vie. Un temps viendra où vous voudrez les couvrir ; je prie pour qu'il ne soit pas trop tard pour vous.

Certains pensent que le sexe fait partie de la maturité d'un grand garçon ou d'une grande fille. Ou encore qu'il fasse partie de la civilisation ou qu'il est une marque d'éducation ou de socialisation. Ces pensées et d'autres pensées erronées sont contraires à la volonté parfaite de Dieu qui a créé le sexe pour le bien de l'humanité. En lisant ce grand livre, préparez votre esprit à entrer en contact avec la volonté parfaite de Dieu pour votre vie sexuelle. Le sexe est destiné à être apprécié dans un cercle précis et défini - votre jardin légal et biblique du mariage - et non pas subi ou commercialisé.

Le sexe est une question sérieuse. C'est un désir fort chez l'homme et la femme. Il est saint. Il est pieux devant Dieu. Il est biblique selon la Parole de Dieu. Il est mystérieux par nature, car personne ne peut comprendre tout ce qu'il contient. Il est symbolique au sein du mariage. Un goût singulier de celle-ci aujourd'hui ne peut vous satisfaire comme dans tous les jours. Sa douceur ne peut être pleinement expliquée avec tous les vocabulaires du monde.

En même temps, le sexe peut être insensé. Alors, guidez-vous contre ses aspects insensés dans votre désir de sexe. C'est le sexe sans péché qui apporte des joies durables. Si vous abusez de ce don, il vous mettra sûrement dans l'embarras et dans la honte, ce qui pourrait être difficile à couvrir dans votre vie.

CHAPITRE II : LE SEXE PÉCHÉ ET SOUILLÉ

Les acteurs et les actrices, les romans, les magazines, les publicités télévisées, les programmes radiophoniques, les émissions vidéo domestiques, les films, les quotidiens, les pièces de théâtre et autres tentent de nous convaincre que ce que nous voyons, entendons, lisons et recevons de leur part est l'idéal en matière de sexe. Mais l'expérience humaine montre que, dans la plupart des cas, ils ne font que nous dépeindre un sexe pécheur et souillé. Beaucoup de ceux qui ont suivi leurs feuilletons sur le sexe sont les témoins vivants des peines et des regrets qui ont suivi leur expérience.

La race humaine a démontré devant Dieu que ses plans pour le sexe sont démodés et dépassés. Nous l'avons démontré en introduisant des formes pécheresses d'expression des désirs sexuels. Nous avons imaginé de nombreuses autres formes au nom du sexe. Ce qui est pathétique aujourd'hui, c'est la façon dont de nombreux jeunes ont actuellement battu et brisé leur avenir au nom du sexe. De nombreux jeunes s'engagent maintenant dans des relations sexuelles sans prêter attention aux dangers qu'elles représentent pour leur vie et leur avenir.

Demandez aux jeunes de votre entourage de vous parler de leur vie ou de leur expérience sexuelle. Vous serez surpris d'entendre des histoires exceptionnelles et assourdissantes. Finalement, vous vous rendrez vite compte que la majorité des jeunes sont des vaisseaux vides et perforés. Les personnes que vous pensez être lourdes, chargées, scellées et intactes dans la fraternité ont été perforées par l'immoralité sexuelle. Ils ne font que couvrir cela avec des activités religieuses et rituelles et une spiritualité camouflée dans la fraternité.

Malheureusement, ils ne se sont pas mis à genoux devant Dieu pour demander le pardon. Par conséquent, l'adoration et le service qu'ils prétendent offrir à Dieu sont sans vie, morts et tués. Au lieu de l'inspiration du Saint-Esprit, nous faisons l'expérience de la transpiration et de la sueur parce que ce sont les efforts humains sur lesquels nous comptons au lieu de l'onction et de la puissance d'en haut pendant notre service. Retour à Béthel !-Gen. 35:1-4.

Stratégiquement, Satan a planifié des maux sexuels contre de nombreux jeunes d'aujourd'hui et le piège a pris beaucoup d'entre eux à cause d'une vie négligente. En tant que pasteur, j'ai découvert une chose importante parmi les jeunes : les week-ends qui sont censés être consacrés à l'évangélisation et aux affaires avec

Dieu ont été écourtés pour rendre visite à des petits amis et petites amies immoraux au nom de fiancés et de fiancées. Les vacances courtes ou longues et les congés du travail ont été arrangés par Satan, les forces du mal et les démons qui contrôlent l'immoralité sexuelle dans le monde pour être de bons moyens pour beaucoup de jeunes et d'adultes d'expérimenter le sexe d'une manière contraire.

De nombreux jeunes quittent leur campus sans le consentement et la connaissance de leurs parents pour rendre visite à leurs partenaires sexuels et se livrer à des actes immoraux. Ils retournaient à l'école avec des vies et des corps troués et perforés. Satan ne se soucie pas que votre vie soit meurtrie et brisée !

Il en veut à votre vie, et surtout au salut de votre âme. L'une des armes qu'il est facile pour lui d'utiliser est le sexe pécheur et souillé. Il s'en est servi pour faire tomber beaucoup de gens dans les bas-fonds de la misère au lieu d'être au sommet de l'échelle. Il n'y a pas de gain à dire qu'il a réussi et qu'il continuera à réussir aussi longtemps que les gens coopéreront avec lui et ignoreront la parole de Dieu. Mais en raison de la grâce et de la miséricorde de Dieu, il ne réussira plus dans nos vies qui sont vraiment des enfants de Dieu.

Dieu ne vous a pas destiné et ne vous destine toujours pas à des relations sexuelles pécheresses et souillées. Vous devez donc décider aujourd'hui du type de vie que vous allez mener. Je souhaite vous indiquer toutes les formes de sexe pécheur et souillé afin que vous puissiez les fuir.

a. Sexe oral

Le sexe oral est une situation dans laquelle l'organe sexuel de l'autre personne est stimulé par la bouche. De par sa définition, cette pratique est définitivement en dehors de la volonté de Dieu et elle est très désobligeante pour vous, en tant qu'être humain normal, si vous la pratiquez. Vous devez savoir que le sexe oral est pire que le sexe normal. Il éveille votre désir sexuel au contraire. Il est même mauvais de mentionner le sexe oral parmi les jeunes qui désirent la sainteté. Le sexe oral ruinera votre témoignage et confondra votre corps, votre esprit et votre âme. Il est impossible de le faire sans tomber dans l'immoralité sexuelle. Fuyez-la ! Que Dieu vous bénisse alors que vous vous gardez pur.

b. Flirt

Qu'est-ce que cela signifie ? Cela signifie un intérêt superficiel pour quelqu'un avec un manque de sérieux et de sincérité de premier ordre. C'est donner au sexe opposé un message erroné que vous ne pensez pas. C'est courir sans cesse après le sexe opposé et lui tourner autour en permanence. Richard Wurmbrand, dans son livre intitulé Tortured For Christ, dit que le langage de l'amour et le langage de la luxure sont les mêmes. Un homme qui épousera une femme pour la vie et un homme qui épousera une femme pour une nuit et la jettera plus tard, tous deux diront immédiatement "Je t'aime". Faites attention ! Le flirt est une erreur. C'est faire l'amour par simple amusement.

Le flirt est une histoire d'amour légère. Le flirt consiste à se comporter ou à faire semblant envers quelqu'un comme si vous le trouviez très attirant, mais derrière votre esprit se cache l'idée de le blesser sexuellement. Il n'y a pas d'intention sérieuse pour une relation durable et pieuse. Beaucoup de ceux qui se sont lancés dans le flirt après des frères et sœurs dans les campus et la société parmi les jeunes peuvent vous dire leur honte, leur rejet, leurs déceptions, leurs cœurs brisés et leurs chagrins. Ils se promènent aujourd'hui avec des vêtements coûteux et des chaussures hautes mais ils sont nus devant ceux qu'ils ont flirté. Si vous êtes un frère ou une sœur qui flirte, cessez aujourd'hui et priez pour l'aide de Dieu.

c. *Petting*

Une personne pieuse et spirituelle comme vous ne devrait même pas envisager de se faire caresser. Pour quelle raison ? N'essayez jamais de nourrir votre désir sexuel en le caressant. N'essayez jamais de nourrir votre amour en le caressant, car vous pourriez ne pas être en mesure de le contrôler lorsqu'il se déchaîne. Les caresses conduisent à la tentation sexuelle. Si vous souhaitez que votre vie future soit pure, cessez de vous caresser.

Les caresses n'ont jamais été une véritable marque d'amour fidèle, sincère et authentique selon la parole de Dieu. Les caresses en dehors du mariage sont de nature animale. C'est une passion animale que de s'adonner aux caresses. Les caresses mènent à la luxure et la luxure n'est pas de l'amour. Aujourd'hui, beaucoup de gens se laissent aller à la luxure en pensant qu'ils sont amoureux. Tous les caresses doivent être gardées jusqu'après le mariage si vous ne voulez pas gaspiller votre semence et son fruit dans la vie.

Caresser

Certes, Dieu donne les parties de notre corps par son amour divin. Le corps est le temple du Saint-Esprit-1 Cor. 3:16-17. Chaque jeune, et a fortiori chaque frère ou sœur chrétien(ne), est porteur de l'Esprit Saint et de ses dons. Il est également écrit que Si quelqu'un souille le temple de Dieu, Dieu le détruira. Car le temple de Dieu est saint, ce temple que vous êtes-1 Cor. 3:16-17. Quel grand avertissement ! Prenez cet avertissement dès maintenant. Caresser les organes sensibles et sexuels du corps en dehors du jardin légitime du mariage est un acte sexuel pécheur et sensuel. Cessez de caresser aujourd'hui, de peur de perdre votre destin dans le camp d'une personne immorale.

Erotica

i. Baiser érotique - S'engager dans un baiser au point d'éveiller ses désirs sexuels.

ii. Étreinte érotique : contact corporel avec le sexe opposé au point d'être sexuellement tendu.

iii. Accrochage érotique - Ne pas donner de tranquillité d'esprit au sexe opposé et à soi-même en étant toujours autour de l'autre avec un désir sexuel impur.

iv. Romance érotique - Sentiment illicite d'excitation par différentes formes de toucher entre sexes opposés.

v. Masturbation- Gaspiller sa semence en stimulant ses organes sexuels jusqu'à atteindre l'orgasme ou éjaculer.

vi. Pornographies- Films sur le sexe, sataniques, démoniaques, destructeurs, diffusés par des personnes immorales sur votre téléphone, clé USB, disquette, CD, vidéo amateur, ordinateur et autres supports similaires, que vous regardez pour les plaisirs et pratiques sexuels.

vii. Fornication - Relations sexuelles avant le mariage.

viii. Adultère- Relations sexuelles extra-conjugales.

ix. Nudité - Tenue vestimentaire immorale : jupes, chemisiers, hauts spaghettis, moulants, mini et ainsi de suite que l'on met pour montrer sa poitrine, son ventre et le chemin de ses parties intimes.

x. Homosexualité - Accouplement entre un homme et un autre homme.

xi. Le lesbianisme- L'engagement sexuel entre deux femmes.

xii. Bestialité- Sexe entre un homme ou une femme et un animal.

xiii. Séductions sexuelles, etc.

De nombreuses actions ont été dépeintes devant nous par les acteurs et actrices de la télévision, les livres, les magazines, les romans, les vidéos amateurs, les films et le monde de l'Internet et autres, la façon dont nous devrions agir après le sexe. Il est évident que les manières qu'ils nous montrent sont loin de la volonté de Dieu, tout comme le ciel est plus élevé que la terre. Toute personne qui tente de garder sa pureté est étiquetée puritaine, mère de Jésus, frère Joseph, etc. La virginité sexuelle ou l'abstinence de sexe jusqu'au jour du mariage est considérée comme une chose du passé. Que présentent-ils devant nous ? Le scandale sexuel prémarital avec son cortège de corps et de destins perforés.

De nombreux chrétiens qui étaient autrefois nés de nouveau sont maintenant mauvais. Pourquoi ? Simplement à cause de leur changement de croyance sur la pureté et la pratique sexuelles. De nombreux scandales sexuels sont commis par de nombreux frères aujourd'hui uniquement au nom de la cour maritale. Alors que la volonté parfaite de Dieu pour tous est le sexe sans péché. Il n'est écrit nulle part dans les Écritures que le sexe avant le mariage est autorisé. Fuyez le destructeur de destinée que sont les frères et les sœurs par le sexe avant le mariage.

CHAPITRE III : LA V VIRGINITÉ EST UNE VICTOIRE

Sans aucune intention d'infliger des blessures à ceux qui ont été blessés ou d'évoquer leurs histoires sanglantes, la virginité est une grande victoire pour ceux qui se gardent purs jusqu'au jour J. Ceux qui ont perdu leur virginité en tant que jeune homme et jeune fille savent en leur for intérieur que leurs témoignages ont été amputés et souillés. Ceux qui se gardent purs savent qu'ils ont gagné une grande bataille. C'est le plus grand secret que vous devez connaître en tant que jeune ayant un but et une grande destinée. Si vous voulez garder votre destinée intacte, intacte, nouvelle et renouvelée, pensez à garder votre virginité en tant que jeune homme et jeune fille intacte.

Il faut vous répéter sans cesse que votre virginité est une arme victorieuse pour vous contre les forces de l'immoralité. Les forces de l'immoralité sexuelle sont jalouses de votre virginité. Elle est leur objet d'attaque. Alors, gardez-la avec toute la diligence requise ! C'est la raison pour laquelle vous devez vous garder pure. Si vous perdez votre pureté sexuelle en dehors du mariage, c'est une grande perte. Dieu peut pardonner. Le sang de Jésus-Christ peut vous purifier de votre passé, mais une grande chose est que votre mémoire n'oublie pas et ne pardonne guère lorsqu'il s'agit de cette grande question de la virginité. Le souvenir de l'avoir perdue restera avec vous pendant des années, personne ne peut le dire !

Culturellement, la virginité est convoitée chez les jeunes depuis l'antiquité, sauf chez les Cananéens adorateurs d'idoles. Les parents attendent beaucoup de leurs enfants qu'ils soient purs et non pollués et perforés dans le corps. Vous devriez savoir, en tant que jeune, que tout ce qui ne peut pas vous faire honneur devant vos parents ne peut pas vous faire honneur devant votre Créateur. Beaucoup plaisantent aujourd'hui avec la question de la virginité en public, mais ils cachent secrètement aux autres les douleurs de l'immoralité dans leur cœur. La virginité est une arme victorieuse contre le camp de votre ennemi ; gardez votre virginité en tant que jeune homme et jeune fille. Quand les autres sont silencieux et honteux de leurs actes immoraux et incapables de partager leur passé avec d'autres dans le domaine de la virginité, vous serez audacieux, marchant droit et courageux pour partager le vôtre avec tous sans aucune réserve.

Je voudrais partager avec vous 27 raisons puissantes pour lesquelles votre virginité est importante pour vous devant Dieu et pourquoi vous ne devriez pas avoir de relations sexuelles avant le mariage avec un homme ou une femme :

1. C'EST VOTRE DROIT PERSONNEL

La virginité est votre seul droit biologique en tant que jeune homme et jeune fille à posséder en tant qu'être biologique. C'est votre grand bien. Vous ne devez permettre à personne de vous le voler. Vous comprenez ? Tout va bien ! Tout homme ou femme qui veut vous le faire perdre avant le mariage est un voleur sexuel. Ne permettez jamais à un voleur sexuel de vous le voler et de vous dire plus tard : "Je suis désolé, je ne savais pas que cela mènerait à cet acte". Il ou elle le sait, mais ne cherche qu'à vous voler. Il ou elle est un pécheur et un voleur pécheur ! Fuyez les voleurs de virginité !

2. C'EST VOTRE FIERTÉ

La virginité est une fierté pour vous en tant que jeune. Vous devez être fière d'être intacte, scellée, naturelle et pieuse dans votre corps jusqu'au jour de votre glorieux mariage. C'est une fierté de partager avec votre mari et vos enfants dans le futur que vous étiez vierge lorsque vous vous êtes mariée il y a des années. Qui écoutera l'histoire des actes immoraux que ses parents ont commis dans le passé ? Bizarrerie !

3. C'EST VOTRE CLÉ DE JOIE

Lorsque vous vous gardez pur et que vous conservez votre virginité, c'est une clé de joie pour vous, maintenant et à l'avenir. Ne permettez jamais à ceux qui ont jeté la leur de vous cajoler avec des paroles flatteuses et de vous faire sentir inférieur. Accrochez-vous à elle. C'est la clé de votre joie, maintenant et à l'avenir. Vous avez besoin de joies conjugales dans votre futur foyer et votre virginité est une clé majeure pour cette source de joies dans votre vie. Qui peut supporter le chagrin de l'impureté sexuelle ?

4. C'EST VOTRE CLÉ DE PROTECTION

Lorsque vous vous gardez pur, c'est une clé de protection pour vous. Elle vous protège contre les attaques soudaines des ennemis de votre salut. Elle vous protège contre les attaques sataniques. Elle vous protège contre toutes les maladies sexuellement transmissibles, en particulier le VIH/SIDA. Elle protège votre image, votre intégrité et vos témoignages parmi vos pairs. Les autres témoigneront de votre moralité lorsque vous serez accusé à tort d'immoralité sexuelle.

5. C'EST TON TÉMOIGNAGE

Si tu tiens à avoir un témoignage sur la terre des vivants, ta virginité est une arme qui te permettra d'obtenir un témoignage solide et pieux. Votre caractère et votre réputation sont tous deux très importants. C'est lorsque vous prenez soin de votre caractère que Dieu prendra soin de votre réputation. Pour que Dieu prenne soin de votre réputation, vous devez d'abord prendre soin de votre caractère. Vous vous souvenez de l'histoire de Joseph et Marie dans la Bible, leur pureté les a préservés et Dieu a pris soin de leur réputation. Préservez votre témoignage sexuel !

6. ELLE EST VOTRE CHAMBRE FORTE

Votre virginité vous sert de chambre forte spirituelle, même en cas de crise conjugale. Il est naturel pour l'homme de pointer des doigts accusateurs vers la femme en cas de crise conjugale, surtout en cas de stérilité. Parce que vous vous préservez, vous pouvez jurer devant Dieu que vous vous gardez pure depuis le ventre de votre mère. C'est une autre chambre forte spirituelle pour vous, même dans le royaume des ténèbres, ils savent qu'il en est ainsi. Les femmes qui veulent garder leurs pouvoirs sataniques ne plaisantent pas avec leur virginité. Elles la gardent comme une arme afin de garder intactes leurs forces et leurs pouvoirs sataniques. Les frères chrétiens devraient-ils en faire moins ? Certainement pas. Gardez votre chambre forte sexuelle.

7. C'EST VOTRE DÉFENSE

Chacun aspire à être défendu au moment des attaques. La virginité est une arme d'autodéfense contre le camp des ennemis. La pureté corporelle défend contre les attaques corporelles des maladies et des attaques spirituelles. Beaucoup passent aujourd'hui par des rêves démoniaques et sexuels. Cela est dû en partie à leur vie sexuelle immorale devant Dieu. La virginité vous défendra contre de nombreuses attaques lorsque vous vous gardez pur.

8. C'EST VOTRE MARQUE D'HONNEUR

C'est une marque d'honneur pour vous, en tant que jeune homme ou jeune femme, que vous ne soyez pas vide mais plein. Deux jeunes discutaient il y a quelques temps de leur croissance biologique. La jeune femme a répondu avec audace et a dit que je suis comme je suis sortie du ventre de ma mère, c'est-à-dire que je suis intacte sans avoir perdu ma pureté et ma virginité. Personne ne pouvait la blâmer et elle l'a dit avec une grande fierté et confiance et personne n'a discuté avec elle. C'est un honneur pour toi que de te garder vierge jusqu'à ta future maison.

9. ELLE ACCROÎT VOTRE CRÉDIBILITÉ

Si vous voulez que Dieu et les autres aient confiance en vous, gardez votre virginité. Lorsque vous serez sexuellement digne de confiance, Dieu confiera à vos soins de grands trésors. Souvenez-vous de Joseph, fils de Jacob, et de Joseph, fils de David - Gen. 39 ; Mat. 1:18-21-25. Si vous voulez faire confiance à quelqu'un, vérifiez sa vie sexuelle, de peur d'avoir affaire à un hypocrite et à un prétendant de l'ordre le plus élevé de l'index.

10. ELLE RENFORCE VOTRE COURAGE ET VOTRE CONFIANCE

Une partie de ce qui peut vous donner du courage dans la vie est votre pureté et votre virginité. Imaginez que les gens se réunissent et interrogent Joseph et Marie sur la grossesse dans son ventre. Joseph n'aurait pas eu le courage moral et la confiance de dire qu'il n'est pas responsable de la grossesse de Marie s'il avait été impur. De même, Marie aurait été lapidée à mort pour cause d'immoralité sexuelle si elle ne s'était pas gardée pure pour le Seigneur. Garde-toi pure ! -1 Tim. 5:22.

11. CELA MONTRE VOTRE OBÉISSANCE

Le fait de te garder et de te préserver comme une vierge montre ton obéissance à ton Créateur, Dieu. Cela montre également que vous êtes obéissant à son enseignement et à ses commandements. Cela montre que vous obéissez à l'enseignement de l'Église de Dieu et que vous préservez l'unité de l'Église par ses enseignements dans le lien de la sainteté et de la pureté - 1 Cor. 6:9-11.

12. CELA MONTRE QUE VOUS ÊTES SÉPARÉ

La virginité est, pour beaucoup à notre époque, un mot désuet. Être vierge, c'est être considéré comme naïf, dépassé, déconnecté, vieux jeu, puritain et démodé. Ils ne savent pas ce qui se passe, etc. Oui ! Une vierge est différente d'un gars à la vertu facile. Ils ne savent pas ce qui se passe parmi les aristos, les run-ladies, les faiseurs d'emplois bleus sur le campus. Ils sont vulnérables. Elles sont pures. Elles ne sont pas touchées.

La virginité ne signifie pas être laissé de côté. Cela signifie qu'il faut continuer d'attendre, de chercher, d'espérer. C'est une bonne façon d'être jusqu'au jour où vous scellez votre avenir avec la personne que Dieu vous donne pour l'épanouissement sexuel de toute une vie. Si vous voulez vous lier à quelqu'un de façon si forte que rien ne pourra briser ce lien, il est préférable de le faire en étant vierge - Tim Stafford (Worth the Wait : p. 49).

13. IL AJOUTE DE LA VALEUR À VOTRE VALEUR

Nombreux sont ceux qui recherchent une valeur qu'ils ont perdue il y a des années à travers les vêtements, les bijoux, l'argent et la célébrité. Mais ils ne reconnaissent pas le fait que Dieu accorde de la valeur à nos vies en tant qu'êtres humains en raison de la qualité de vie que nous menons. Lorsque vous vous gardez pur comme une jeune vierge, cela ajoute de la valeur à votre valeur devant Dieu et les hommes.

14. ELLE VOUS QUALIFIE POUR ENSEIGNER AUX AUTRES

Personne n'est prêt à suivre un fornicateur ou un adultère à la retraite. Personne n'est prêt à imiter une prostituée retraitée et repentie La nature enseigne que celui qui veut diriger les autres doit se rendre digne d'émulation. Le fait de vous garder vierge vous qualifie pour enseigner aux autres comment se garder purs. Comment pouvez-vous être dévoyée et vous tenir en présence des autres et marteler la pureté sexuelle. Vous n'êtes pas un objet de dérision. Gardez votre virginité !

15. ELLE VOUS QUALIFIE POUR ÊTRE UN DIRIGEANT PIEUX

À la lecture de la Bible, la pureté sexuelle vous qualifie pour être un dirigeant pieux. Le livre Premier Timothée 3:2 indique que la pureté sexuelle est une condition préalable pour tout dirigeant de l'Église et il en va de même pour la société. Soyez un leader dans la pureté et la sainteté parmi vos pairs ! Si vous voulez diriger les autres, commencez dès maintenant à diriger dans le domaine sexuel.

16. ELLE MONTRE LE NIVEAU DE VOTRE AUTODISCIPLINE

L'autodiscipline est un signe distinctif élevé qu'un jeune utile devrait rechercher et poursuivre. Tout succès dans la vie est lié à l'autodiscipline et aux restrictions. Si vous voyez un homme au sommet, vérifiez sa vie sexuelle. C'est soit qu'il est en haut et droit (upright), soit en haut et mauvais (Job 1:1). La capacité à vous discipliner en matière de sexualité vous propulsera au sommet !

17. CELA MONTRE QUE VOUS ÊTES CONCENTRÉ ET VISIONNAIRE

De nombreux jeunes d'aujourd'hui ont perdu leur concentration et leur vision à cause de l'immoralité sexuelle. Le prix qu'ils paient plus tard pour la rechercher ne peut être comparé à ceux qui restent fidèles. Imaginez une jeune femme qui est mise enceinte alors qu'elle poursuit sa carrière universitaire, elle doit rentrer chez elle, s'occuper de sa grossesse et accoucher avant de revenir à l'école. Du temps, de l'argent, de l'énergie et des ressources auraient été gaspillés. Ne soyez pas une gaspilleuse ! Restez concentré et ne perdez pas votre vision sur le lit de l'immoralité et sur la poitrine de l'homme ou de la femme tueur de vision.

18. ELLE ENLÈVE LES SOUPIRS ET LES CHAGRINS DE VOTRE VIE.

Ne convoite pas sa beauté dans ton cœur, et ne te laisse pas séduire par ses paupières. Car par la prostituée, un homme est réduit à une croûte de pain ; et un adultère s'attaque à sa précieuse vie... Celui qui commet l'adultère avec une femme manque d'intelligence ; Celui qui le fait détruit sa propre âme. Il recevra des blessures et des déshonneurs. Et son opprobre ne sera pas effacé- La Bible- Pro. 6:25-26, 32-33.

19. ELLE VOUS PERMET D'ÉVITER LES ERREURS DE LA VIE

De nombreux jeunes ont pratiqué le sexe illicite et sont tombés dans les erreurs de la vie avec des cicatrices largement inscrites sur leur corps et leur destin. Ils peuvent se promener bien décorés avec des vêtements magnifiques et coûteux ; à l'intérieur d'eux se trouvent des chagrins d'amour, des soupirs et des regrets indicibles. Ils pleurent sérieusement et agonisent pour avoir perdu leur virginité. En vous gardant vierge, vous éviterez les erreurs douloureuses de la vie. Soyez attentifs !

20. CELA AMÉLIORE VOTRE VIE SPIRITUELLE

Se garder pur en tant que jeune homme ou jeune femme améliore votre vie spirituelle. Vous ne serez pas du genre à recevoir l'onction par la bouche et à la perdre par la suite à cause de rapports sexuels avant le mariage. Si vous voulez que la puissance de Dieu repose puissamment sur vous en tant que jeune, gardez votre virginité jusqu'à ce que vous vous mariiez. L'expérience vous le dira !

21. SI VOUS ÊTES DÉÇU, VOUS NE PERDEZ RIEN DU TOUT

Une douleur majeure qui suit et suit ceux qui ont travaillé avec le sexe est qu'ils ont perdu leur virginité avec le garçon ou la fille qui finalement ne les a pas épousés. Les femmes ont toujours du mal à oublier les hommes qui ont d'abord eu une expérience sexuelle avec elles et qui ont brisé leur virginité. Par conséquent, elles souffrent de ce que l'on appelle des liens d'âme. Le souvenir reste toujours plus longtemps présent dans leur esprit. Pour éviter ce genre de vie d'angoisse, gardez votre virginité. Si vous êtes déçue par quelqu'un, vous remercierez quand même Dieu de ne pas avoir couché avec lui ou elle. Le contraire est le cas lorsque vous avez couché avec un frère ou une sœur sensuelle qui est un voleur sexuel !

22. VOUS AVEZ GAGNÉ LA BATAILLE DE LA LUXURE JUVÉNILE

Lorsque vous vous gardez vierge pour Dieu jusqu'à ce que vous vous mariiez devant le Seigneur, cela signifie que vous avez gagné la bataille de la luxure de la jeunesse. Vous avez conquis la convoitise de la jeunesse. Et le Seigneur, qui vous a aidé à atteindre ce stade, vous aidera sûrement à rester pur pendant votre vie de couple. La Bible dit : "Fuyez aussi les convoitises de la jeunesse… 2 Tim : 2 : 22.

23. LA VIRGINITÉ AJOUTE DE LA VITALITÉ À VOTRE FORCE

Lorsque vous vous gardez pure, vous êtes corporellement forte. Même pendant l'accouchement, votre force est toujours là pour vous soutenir. L'étroitesse de vos parties intimes indique que vous n'êtes pas une de ces jeunes filles en mal d'amour, mais montre que vous êtes scellée et intacte. Dans le milieu médical, c'est une joie de savoir que vous n'êtes pas un vieux modèle. Si vous avez une petite déchirure lors de la naissance de votre premier enfant, ils comprennent que vous n'êtes pas une jeune mariée étiquetée mais c'est un signe d'originalité pour vous.

24. ELLE RENFORCE VOTRE FIDÉLITÉ

Lorsque vous partagez votre témoignage pieux et pur de virginité avec votre conjoint et que vous êtes reconnue comme telle, votre conjoint vous considérera comme une épouse fidèle dans le mariage pour la vie. Il vous défendra dans tous les cas parce que vous avez été fidèle dans le domaine qui est le plus difficile dans la vie pour beaucoup de jeunes et d'adultes - le sexe.

25. C'EST UNE CLÉ POUR VOTRE RESPECT DANS UN CERCLE PIEUX

Les gens du monde dont les normes sont impies et non bibliques peuvent vous considérer comme un puritain, une mode dépassée et anormale parce qu'ils chérissent votre témoignage de virginité qu'ils ne peuvent pas garder. Mais les personnes de même esprit, de même vision, de même race spirituelle et de même appel céleste qui gardent leur virginité comme vous vous respecteront. Vos pères spirituels, les ministres de Dieu, l'Eglise de Dieu et vos parents seront fiers de vous car vous êtes digne de respect parce que vous gardez votre virginité.

26. CELA FAIT DE VOUS LE ROI ET LA REINE PARMI VOS PAIRS.

Quand vous gardez votre virginité, vous gardez vos couronnes. Vous refusez d'être lésés. Au lieu de porter une casquette pour vous camoufler comme les autres, vous conservez vos couronnes de roi et de reine. On n'attend pas d'un roi ou d'une reine qu'il se tourne vers un bordel ou qu'il devienne le compagnon sexuel ou de lit de n'importe qui. C'est seulement un roi ou une reine qui ne connaît pas la valeur de sa position et la valeur de s'asseoir sur un trône, de vivre dans un palais et de régner sur des gens qui continueront à disperser son eau sexuelle-Pro. 5:15-17.

27. IL GARDE VOTRE VIE

Tu veux garder ta vie ? Garde ta virginité. Tu te souviens de ce frère ou de cette sœur qui est mort à cause des péchés sexuels ? Gardez votre virginité jusqu'au jour J avec votre conjoint biblique. Jeunes d'aujourd'hui, il est grand temps que vous gardiez votre virginité. Si vous la perdez, le temps viendra où vous voudrez l'avoir. Vous la chercherez avec des larmes comme Ésaü, mais vous ne trouverez nulle part où la trouver-Heb. 12:16-17.

Frères, je partage avec vous aujourd'hui, alors que vous lisez ce grand livre, que vous devez garder votre virginité et vous garder purs ! Pas d'alternative à la pureté !

CHAPITRE IV : LE SEXE ET VOTRE CORPS

Dieu m'a donné un jeune homme très gentil qui est très amoureux de moi et qui veut m'épouser. Nous sommes ensemble depuis seulement quatre semaines... Mais ce qui m'effraie, c'est que notre relation comporte beaucoup de pulsions sexuelles. J'ai toujours voulu me préserver pour ma nuit de noces, mais l'excuse qu'il me donne est qu'il va m'épouser de toute façon. Pourquoi pas maintenant ?

En novembre, j'ai appris que j'étais enceinte et j'ai été très angoissée parce que je ne suis pas mariée. Eh bien, je tiens à vous dire que tout s'est très bien passé avec l'accouchement et un bel arrangement d'adoption avec une famille chrétienne exceptionnelle. Cela fait maintenant quatre mois et le réconfort de Dieu est toujours présent... J'aimerais partager une suggestion concernant les conseils sur le fait d'être célibataire : Peu importe à quel point vous pensez que cela plaira à l'homme que vous fréquentez, n'ayez pas de relations sexuelles avant le mariage.

- Welchel, M. (1999:41).

Le Créateur est plus sage que nous tous. Il a créé tout ce qui est bon et a fait des cadeaux à l'humanité pour qu'elle en profite. L'un des mystères de la vie est la façon dont notre corps est créé. Nous sommes craintivement et merveilleusement créés - Ps. 139:14. Lorsque vous examinez votre corps biologique, vous découvrez rapidement une chose : vous êtes unique. Vous êtes unique dans le sens où vous êtes créé selon la volonté de Dieu. Vous portez l'image divine de Dieu et sa ressemblance. Elle est glorieuse et puissante.

Le Créateur qui vous a créé a un plan divin pour votre vie et le corps que vous portez. Vous devez apprécier la constitution de votre corps. Un des principaux moyens par lesquels vous pouvez apprécier votre corps est de découvrir la volonté de Dieu pour votre vie et votre corps.

Dans ce chapitre révélateur, je vais kike partager avec vous comment vous pouvez apprécier Dieu pour votre corps avant de continuer :

1. Aimez votre corps

Il n'y a pas de péché à aimer votre corps tel que Dieu vous l'a donné. Vous n'aurez jamais un autre corps ici sur terre jusqu'à ce que vous arriviez au paradis, à moins que vous ne fassiez de la chirurgie plastique, ce qui pourrait vous transformer en monstre. Jésus-Christ nous enseigne à nous aimer et à aimer les autres. Si vous aimez votre corps, vous le préserverez de la destruction par les péchés sexuels.

2. Renoncer à son corps

Cela signifie tout simplement refuser de donner à ton corps la douceur qu'il exige de toi pour te plonger dans la tristesse. Votre corps ne coopérera pas avec vous pour faire la volonté de votre bon, grand et gracieux Dieu tant que vous ne commencerez pas à lui refuser certaines choses qu'il exige de vous. Dès que vous commencerez à refuser votre corps, il commencera à céder et à coopérer avec vous par le feu et par la force. L'un des principaux domaines où l'on attend de vous que vous reniiez votre corps est celui des relations sexuelles avant le mariage. Si vous commencez à céder aux rapports sexuels avant le mariage, votre corps vous mettra en cage et il vous sera difficile de briser le joug.

3. Disciplinez votre corps

Discipliner votre corps signifie littéralement entraîner ou contrôler votre corps afin de produire de grands résultats dans votre avenir. Ceux qui ne parviennent pas à discipliner leur corps maintenant l'apprendront durement dans un avenir proche. Dans le domaine du sexe, vous devez entraîner votre corps à tenir bon. L'autodiscipline dans le domaine du sexe jusqu'à ce que vous soyez marié est le signe que vous voulez être grand dans la vie. Souvenez-vous de Joseph, le fils de Jacob, dans la Genèse, chapitre 39.

4. Préservez votre corps comme une épouse

Jésus-Christ, votre Sauveur, va venir vous chercher à la maison. S'il trouve en toi un iota de péché sexuel, il ne te ramènera pas à la maison. Il vient pour les vierges, celles qui ne se sont pas souillées avec les délices des rois de ce monde - Dan. 1:8. Le Sauveur vient pour celles qui préservent leur corps pour qu'il vienne les épouser. Écoutez l'Écriture :

Ce sont ceux qui ne se sont pas souillés avec des femmes, car ils sont vierges. Ce sont ceux qui suivent l'Agneau partout où il va... et il ne s'est pas trouvé de fraude dans leur bouche, car ils sont irréprochables devant le trône de Dieu - Rev. 14:4-5.

Réjouissons-nous, soyons dans l'allégresse et donnons-lui gloire, car les noces de l'Agneau sont venues, et son épouse s'est préparée. Il lui a été accordé d'être vêtue d'un fin lin, pur et éclatant, car le fin lin, ce sont les actes justes des saints - Év. 19:7-8.

5. Ne faites pas plaisir à votre corps

Plus vous faites plaisir à votre corps en commettant des péchés, plus vous avez du mal à vous détacher de ces péchés. La solution est d'arrêter de se livrer à des péchés secrets. Ceux qui se livrent au péché recevront le salaire de l'iniquité, comme ceux qui prennent plaisir à s'ébattre pendant le jour... ayant les yeux pleins d'adultère et ne pouvant cesser de pécher, séduisant les âmes instables... 2 Pierre 2:13-14.

6. Ne soyez pas trop possessif

De nombreux jeunes d'aujourd'hui sont trop possessifs à l'égard de leur corps. Elles sont prêtes à aller jusqu'au bout pour satisfaire les désirs de leur corps. Tonifier le corps au nom de la beauté vous mènera à des ennuis, surtout pendant l'accouchement. Votre corps appartient à votre Créateur. Ne traitez pas votre corps comme s'il n'appartenait qu'à vous. Dieu a besoin de lui dans sa vigne-1 Cor. 3:16-17.

7. Soyez patient avec votre corps

Votre corps sera toujours pressé de faire autrement en ce qui concerne les relations sexuelles avant le mariage. Dites-lui d'être patient et qu'il y a un temps pour tout et il vous obéira avec la puissance du Saint-Esprit-Eccl. 3:1.

8. Dites à votre corps que vous voulez qu'il soit unique

Vous êtes une personne unique sur terre. Il n'y a personne exactement comme toi sur terre. Il n'y a pas de copie de votre corps sur terre. Croyez-le en tant que jeune homme et jeune fille. Si vous dites à votre corps que vous voulez qu'il soit unique parmi vos pairs, vous réaliserez la volonté de Dieu pour votre vie. Beaucoup se sont perdus dans la foule, comme le frère Zachée, qui voulait voir Jésus, mais la foule a couvert son visage et bloqué sa vue. Ne laissez jamais le sexe avant le mariage couvrir votre visage et vous empêcher de voir.

9. Ne faites jamais de votre apparence votre valeur

Beaucoup de jeunes ont des problèmes lorsqu'ils font de leur beauté et de leur apparence physique leur valeur. Vous valez plus que ce que vous pouvez voir à l'extérieur. Le jour où vous permettrez à votre apparence physique d'être le critère de votre valeur, vous ferez des efforts supplémentaires pour chercher quelqu'un qui puisse satisfaire votre désir sexuel. Ne vous laissez pas tromper ! Jésus-Christ est votre valeur.

10. Ne détestez pas votre corps

Avez-vous besoin de haïr votre corps à cause de la façon dont vous avez été créé ? Non ! Tu n'as pas besoin de haïr ton corps. Chaque partie du corps est créée par Dieu dans un but précis. Admire ton corps et considère-le comme un don de Dieu. Si c'est un cadeau, il faut l'accepter, l'apprécier et le chérir. N'oubliez pas que vous n'avez qu'un seul corps. Si vous l'endommagez par le sexe, Dieu ne vous en donnera pas un autre. Sois sage !

11. Pardonnez à votre corps et à vous-même les erreurs du passé.

Beaucoup se font plus de mal que de bien à cause de leurs erreurs passées. Vous n'êtes peut-être pas en mesure de corriger cela, mais vous servez Dieu qui donne une seconde chance. Il transforme les erreurs en miracles. Pourquoi ne pouvez-vous pas pardonner à votre corps et à vous-même le passé ? Faites-le maintenant et votre corps libérera la liberté à laquelle vous aspirez.

12. N'entravez pas votre corps

En termes simples, ne surmenez pas votre corps au détriment de votre santé. Un manque de repos suffisant peut provoquer des troubles dans votre corps. Une façon d'entraver votre corps est de vous adonner à des relations sexuelles illicites avant le mariage et de pratiquer de nombreux avortements avant d'être prête à donner naissance à vos enfants. Traitez votre corps comme un dieu.

13. Ne chouchoutez pas votre corps

Ce n'est rien d'autre que d'entraîner le corps d'une mauvaise manière. Tant que vous nourrissez votre corps avec un aliment particulier, il continue à le réclamer de vous, en particulier à sed. Personne ne le fait une fois et se retient. Le corps vous dira d'en donner plus jusqu'à ce qu'il détruise votre vie.

14. Se préoccuper de son corps

Si vous ne vous préoccupez pas de votre corps pour le garder pur maintenant, plus tard il constituera un grand souci pour vous, peut-être après qu'il ait contracté une terrible maladie. Les préoccupations que vous devriez avoir pour votre corps devraient être d'être pieux, saint et pur.

15. Votre corps est le temple du Saint-Esprit

Il est clairement indiqué qu'après être né de nouveau, votre corps est le temple du Saint-Esprit. Beaucoup sont nés de nouveau et sont devenus mauvais simplement parce qu'ils sont tombés dans les péchés. La vie ne se résume pas au sexe. Gardez le corps sous contrôle.

16. Votre corps est le véhicule des talents de Dieu

Croyez-le et c'est vrai. Votre corps est le véhicule des talents de Dieu. Dieu a déposé beaucoup de talents en toi et il veut que tu les utilises pour sa gloire. Pourquoi devriez-vous gaspiller les talents de Dieu ? Vous ne devez pas être un gaspilleur des talents de Dieu. Il y a en toi des talents que les autres n'ont pas. Ils ont été spécialement conçus pour que vous les utilisiez. Gardez le corps propre !

17. Votre corps est la maison des dons spirituels de Dieu

Comme Dieu vous a donné des talents, il vous a aussi donné des dons spirituels. Ces dons spirituels sont si puissants qu'ils sont destinés à être exercés à travers votre corps. Dieu ne peut pas déposer ses dons dans un animal, car celui-ci ne porte pas l'image de Dieu. Mais vous portez l'image et la ressemblance de Dieu. Les dons spirituels de Dieu sont en vous. Par conséquent, gardez le corps pur !

18. Votre corps est l'instrument du service divin

Vérifiez à travers l'histoire, Dieu a utilisé des hommes dans le corps. Les grands hommes dont vous avez entendu parler étaient des vases d'honneur grâce à leur corps. C'était leurs mains, leurs jambes, leur bouche, leur tête, leur cœur et leur corps que Dieu utilisait avec les dons spirituels en eux. De même, Dieu veut utiliser votre corps et ses membres !

19. Comprendre la chimie de votre corps

L'un des mystères de votre accumulation physiologique est la chimie de votre corps. Vous vous demandez pourquoi vous vous comportez comme vous le faites en tant que jeune homme ou jeune fille. C'est le résultat de la chimie de votre corps. La compréhension de cela vous donnera la victoire sur la tentation.

i. Les hommes

Les hommes sont créés différemment par Dieu. Principalement, il y a une hormone dans la fabrication qui est responsable des caractéristiques masculines chez l'homme et c'est la testostérone. Cela rend un jeune homme unique. Vous demandez-vous pourquoi un jeune homme voudra courir après une jeune femme ? La testostérone ! Vous vous demandez pourquoi vous êtes emporté à la vue d'une personne du sexe opposé dans les environs. La testostérone ! Vous vous demandez pourquoi votre partie biologique aura toujours envie de donner. La testostérone ! Pourquoi un petit contact du sexe opposé change-t-il votre émotion et votre humeur ? La testostérone ! Vous vous demandez pourquoi l'envie qui vous habite augmente rapidement lorsqu'elle est liée au sexe. Testostérone !

ii. Les femmes

Si vous comprenez votre créature unique en tant que jeune femme, je crois que vous serez plus prudente dans vos relations avec le sexe opposé lorsque vous serez célibataire. Les principales hormones en vous en tant que femme sont les œstrogènes et la progestérone. Vous vous demandez parfois pourquoi vous êtes émotionnellement différente de votre frère. Ce sont les œstrogènes et la progestérone. Vous vous demandez pourquoi le désir de relation et de sécurité est toujours présent en vous. C'est la progestérone ! Vous vous demandez pourquoi vous avez des comportements différents à certains moments du mois. La progestérone !

Vous vous demandez pourquoi vous voulez que quelqu'un vous entoure en permanence. Progestérone ! Vous voulez savoir pourquoi les problèmes conjugaux sont un peu difficiles à gérer pour vous. La progestérone ! Ou pourquoi vous détestez les déceptions plus que les hommes ? La progestérone ! Vous voulez connaître le mystère qui se cache derrière un léger contact d'un prince charmant autour de vous ? La progestérone ! Trop de progestérone !

Vous devez comprendre la chimie de votre corps. Vous ne pouvez tout simplement pas faire confiance à la chimie de votre corps. Elle est très puissante, et une fois qu'elle est lancée, il est extrêmement difficile de trouver la discipline nécessaire pour la garder sous contrôle. Le secret consiste donc à maintenir l'électricité à un faible niveau en contrôlant le contact physique... conseille Whelchel (1999:51).

CHAPITRE V : LE SEXE ET LA VIE SPIRITUELLE

Le sexe est un mot international qui voyage sans entrave dans le cœur de tous les hommes de toutes les races, tribus et langues. C'est un mot courant sur les lèvres de beaucoup. Il occupe le cœur et les pensées des jeunes et des moins jeunes. La place que vous accordez au sexe dans vos pensées influence votre pureté. Vivre avec des désirs sexuels à longueur de journée est un risque pour votre développement spirituel lorsque vous êtes encore célibataire. Un dicton populaire chez les Yorubas, dans le sud-ouest du Nigeria, dit qu'un jeune homme qui se lève tôt le matin et pense aux femmes aura du mal à s'en sortir, ce qui signifie qu'à votre jeune âge, si vous ne pensez qu'au sexe, vous n'êtes plus là et vous êtes déjà fini.

Le sexe est un sujet qui peut rapidement affecter votre vie spirituelle, que ce soit positivement ou négativement. Il peut vous promouvoir ou vous rétrograder. La façon dont vous le gérez montre le niveau de votre maturité en public et dans le placard. Il n'y a pas d'immunité contre la tentation sexuelle. Mais il existe des précautions spirituelles qui permettent à chacun de ne pas tomber dans le piège de la tentation.

Dieu souhaite ardemment produire d'autres géants modernes, comme Joseph de l'Ancien Testament et Joseph du Nouveau Testament, ainsi que Daniel, avec un but dans la vie. Il veut que des personnes comme la Vierge Marie et vous, dans notre génération, servent d'exemples aux autres. Vous pouvez être l'un d'entre eux, avec une histoire exceptionnelle à partager avec des gens qui vous croiront.

La vie de Joseph et de Marie dans Matthieu 1:18-25 nous montre l'influence de la pureté sexuelle sur notre vie spirituelle.

Joseph était issu d'une famille royale, mais il a refusé de se laisser griser par le plaisir du trône. Il a plutôt consacré sa vie aux raisons supérieures qui l'animaient. Certains enfants issus de familles riches sont pires que d'autres, au point de pratiquer l'inceste en matière de sexualité. Qu'en est-il des enfants issus de foyers pauvres, vérifiez votre vie et donnez les réponses.

Joseph n'a pas eu la chance d'être riche mais il a un bon métier, celui de charpentier. Imaginez ses outils il y a plus de 2000 ans. Il n'a pas profité de cette situation modeste pour avoir des mœurs légères. Aujourd'hui, les jeunes de la société sont les plus corrompus sexuellement, suivis par les frères éclairés et les sœurs sophistiquées. Joseph a vécu une vie simple et s'est fiancé à une jeune et innocente célibataire.

Un avenir glorieux, caché dans le cœur de son Créateur, lui était inconnu. Joseph n'a pas été le seul prince de la lignée de David à accomplir l'alliance de Dieu. D'autres ont lu les prophéties sur la naissance du Messie. Peut-être se souciaient-ils moins d'être l'instrument de l'accomplissement. Mais Joseph a choisi d'être différent. Marquez-le au stylo rouge : Tout prince a accès au trône devant Dieu dans sa philosophie divine, mais le seul à être ordonné et oint sera celui qui a une vie spirituelle devant Lui. Les autres le serviront parce qu'il est une célébrité par sa pureté.

Il a vu le cœur de David, son ancêtre, avant de le choisir comme roi de son peuple. Tu n'es sauvé que par Sa grâce, ta pureté a beaucoup à voir avec ta promotion spirituelle. Lorsque vous décidez d'être unique et de vivre selon l'ordre de la pureté, Dieu ne peut pas vous abandonner comme un vieux vase.

Par deux fois, le psalmiste pose la question de la pureté : Seigneur, qui peut demeurer dans ton tabernacle ? Qui peut habiter sur ta colline sainte ? Ps. 51:1. Comme s'il disait : "Nous sommes confus, Seigneur, dis-nous quelles sont tes exigences sur cette question cruciale". Il demande à nouveau : Qui peut monter sur la colline de l'Éternel ? Qui peut se tenir dans son lieu saint ? Ps. 24:3. Dieu répond : Celui qui a les mains innocentes et le cœur pur.

Beaucoup de jeunes gens et de jeunes filles semblent s'élever dans leur vie spirituelle au sein de la communauté, dans les rues et sur les campus qui nous entourent. Mais peu d'entre eux se tiennent sur la colline sacrée lorsqu'il s'agit de questions liées à la sexualité. Allez vérifier le nombre de mariages sacrés célébrés dans votre congrégation et demandez aux couples qui sont sur le point de se marier s'ils ne se sont pas couchés avant de venir à l'autel. Ils ont l'air de s'élever, ils ont l'air d'être spirituels et engagés. Mais il y a de la larve dans leur viande. Des mouches mortes putréfient l'onguent de leur parfumeur - Le prédicateur.

Joseph savait parfaitement ce que Dieu lui réservait et il s'est gardé pur sexuellement. S'il avait vécu autrement, il aurait perdu la grande opportunité qui s'offrait à lui. Ton avenir est plus grand que ta situation actuelle. Dieu ne peut vous aider à réaliser vos rêves que si vous coopérez avec lui. Une personne décédée en pratiquant un avortement se souviendra de la loi de sainteté en matière de sexualité dans le cimetière et le regrettera. Notez-le ! Ceux qui plaisantent avec leur virginité le regretteront douloureusement dans un avenir proche. Gardez-le à l'esprit. Joseph savait que Marie lui était fiancée, mais il a attendu le jour J. Il ne la connaissait pas sexuellement. Il ne la connaissait pas sexuellement. Contrairement à beaucoup de frères qui concluront qu'après tout, Dieu nous a choisis l'un pour l'autre, pourquoi pas maintenant ? Pourquoi attendre ? L'attente et les restrictions sont la doctrine de l'Église pour mettre les jeunes en cage, disent-ils. Beaucoup l'ont fait et le regrettent. Joseph a attendu et il a été dirigé et assisté par Dieu dans son état de confusion.

Joseph a préservé sa future épouse pour un usage supérieur. Il a compris qu'ils étaient tous deux sous l'alliance abrahamique et qu'ils devaient se garder purs jusqu'à ce que les choses se fassent selon la volonté de Dieu. Si tu aimes ta sœur, tu la préserveras pour un usage glorieux et pour son Créateur, tu ne l'abâtardiras pas. Vous ne pénétrerez pas dans son corps et dans son âme avec des marques préjudiciables à la vie qui sont difficiles à enlever lors de rapports sexuels avant le mariage.

Joseph a témoigné que je ne l'ai pas connue charnellement, même lorsque la question de la grossesse s'est posée. Quelle leçon pour les frères impatients ! Et si la femme est atteinte d'une maladie incurable comme le HIV/AIDS et que vous ne l'avez pas encore découvert ? La pureté vous sauvera. Et si la femme est une prétendante ? La pureté vous délivrera. Et si elle est un agent du royaume marin envoyé pour venir vous ruiner ? La pureté vous sauvera et vous guidera. Et si le jeune homme est un destructeur de destin ? La pureté vous protégera !

Joseph était un homme de bon sens qui croyait qu'il fallait faire l'autel avant d'aller au lit. Ceux qui ont fait le lit avant l'autel ont découvert plus tard qu'ils avaient inversé l'ordre divin du mariage. Changez aujourd'hui et Dieu vous délivrera.

Dieu a donné à Joseph le témoignage de sa pureté. Nombreux sont ceux qui recherchent leur témoignage perdu par le biais de tests sanguins et d'ADN. Confusion ! Lorsque vous serez purs sexuellement, Dieu vous soutiendra et vous servira et le ciel sera la nuée au-dessus de votre mariage et non des parfums poussiéreux.

Les anges ont servi Joseph dans son mariage. Dieu l'a toujours guidé par l'intermédiaire des anges. Vérifiez dans la Bible qu'il était toujours en contact avec l'ange de Dieu dans les rêves et à la lumière du jour. Je sais que vous aimerez cela dans votre mariage. Si vous n'avez pas souillé votre témoignage avec un partenaire étranger dans un lit étranger, vous pouvez bénéficier des soins des anges.

Les révélations de Dieu étaient son lot. Dieu l'a protégé de la destruction et l'a guidé. Quatre fois nous lisons dans la Bible la révélation qu'il a reçue du Seigneur. Aujourd'hui, beaucoup de jeunes ne peuvent pas recevoir de Dieu à cause des pensées immorales qui ont rempli leur cœur. Même lorsque Dieu parle, leur désobéissance à la parole de Dieu sur la pureté sexuelle leur a bouché les oreilles jusqu'à ce qu'ils soient blessés. Apprenez de Joseph !

Hérode était un agent de l'infanticide. Hérode était l'incarnation de la destruction de la destinée et du destructeur. Hérode était un destructeur de mariage. Hérode ne pouvait pas détruire la famille. Joseph a été protégé d'Hérode le sang parce qu'il n'a pas inversé l'ordre de service du mariage tel qu'il avait été ordonné par Dieu. Les esprits d'Hérode n'auront aucun pouvoir sur votre mariage si vous êtes saints et si vous fuyez les relations sexuelles avant le mariage.

Qu'en est-il de Marie ? Elle a obtenu un bon adjectif à son nom en raison de sa pureté sexuelle, communément appelé Vierge Marie. Si elle avait vécu autrement, elle aurait dû être appelée dame de bonne vertu. Hérode le sang, comme on l'appelle affectueusement dans l'histoire et parmi les érudits bibliques, n'a pas pu verser le sang de son premier fils parce qu'elle n'a pas versé à l'avance le sang de sa virginité sur le lit des relations sexuelles prénuptiales. Considérez-vous cela comme très important ? Le flux inutile que tu as maintenant peut être un signe pour te rappeler ce qui a été versé dans le secret. Tes saignements actuels peuvent être la continuation du sang versé dans le placard avant le mariage. Le sang de Jésus-Christ purifie et guérit !

Marie était une jeune femme dans l'histoire. Elle était une pécheresse comme vous. Elle a apprécié la grâce de Dieu et lui a soumis sa vie. Dieu était son Sauveur et elle l'a reconnu publiquement - lisez cela dans Luc 1:47-48. Elle était belle, charmante et séduisante. Mais sa beauté n'était pas destinée à l'immoralité sexuelle. Elle n'était pas une dame de campus, ni une dame de faculté, ni une dame de département. Sa beauté n'était pas destinée à un complexe commercial pour les jeunes hommes qui l'entouraient. Quelle leçon pour nos dames sophistiquées d'aujourd'hui !

Dieu n'a pas de raison de regretter Marie d'avoir créé un enfant de sexe féminin dans la famille. Elle n'était pas de la lignée de David, mais de la lignée lévite-aronique. Pourtant, la pureté l'a fait entrer dans la famille royale, ajoutant une plume de plus à son chapeau - Lk. 1:5, 36. Lisez sa vie spirituelle dans les Ecritures et vous serez étonnés - Lk. 1:46-56.

C'était une jeune femme qui méditait la parole de Dieu. A deux reprises, il a été rapporté que son étude de la Bible n'était pas superficielle, mais d'une grande spiritualité. La parole de Dieu était dans son cœur et elle la méditait - Luc 2:19, 51. Elle était soumise à la tentation sexuelle en tant qu'être humain à l'âge de la puberté ou en tant que jeune femme comme vous, mais la parole de Dieu l'a guidée et elle lui a obéi.

Les restes de la génération cananéenne étaient autour d'elle avec leur prostitution sexuelle orientée vers Baal à son plus haut niveau. L'influence grecque de la sensualité et les beaux garçons romains étaient dans le pays autour d'elle, mais elle n'a pas flirté avec eux. Tous auraient servi de papas modernes autour de la jeune et belle Vierge Marie. Quelle liberté pour elle d'améliorer son statut financier de villageoise. Elle aurait eu la possibilité de changer trois fois de vêtements par jour. Mais elle a choisi d'être humble et satisfaite.

Les difficultés financières dans l'enseignement supérieur ne vous suffisent pas comme excuse pour vous écarter du droit chemin. Il ne vous suffit pas de flirter et de vous corrompre sexuellement. Dieu sait comment te sauver des difficultés financières sans attachement sexuel. C'est le sexe sans le péché ! Quelle que soit l'aide que quelqu'un veuille t'apporter, une fois qu'elle est liée au sexe, il ou elle veut te faire du mal et non t'aider. Fuyez ! L'aide ne fait pas de mal !

Dans toute l'histoire, Marie s'est soumise à la volonté de Dieu et à la décision de Joseph. Tous deux ont suivi la même voie que le Seigneur. L'histoire de Joseph et Marie s'est terminée là où elle avait commencé - la pureté sexuelle et l'élévation spirituelle - Matt. 1:18, 25.

Joseph ne l'a pas connue charnellement. Marie n'était pas pressée. Joseph n'a pas dit "si tu m'aimes, laisse-moi pénétrer dans ton corps". Marie n'a pas craint que Joseph s'enfuie ; laisse-moi l'immobiliser avec ma féminité. Joseph n'a pas craint que Marie soit stérile, laissez-moi d'abord l'éprouver. Marie n'a pas eu peur de l'incertitude et a dit : "Laissez-moi appliquer la sagesse. Cette sagesse ne descend pas d'en haut, mais elle est terrestre, sensuelle, démoniaque - Jm. 3:15. Joseph n'a pas fait passer le lit avant l'autel. Marie n'a pas non plus inversé l'ordre.

Les nations les ont servis, eux et leur petit garçon - Jésus. Les Égyptiens les ont servis. Les anges les ont dirigés. Dieu les a protégés. La protection sur eux était réelle. Les provisions étaient régulières. Lorsque Dieu a demandé à Joseph de partir en Égypte, il n'a pas pris la peine de lui demander comment financer le voyage. Lorsque vous êtes pur devant le Seigneur, quoi qu'il arrive, Dieu prend soin de vous. Vos provisions seront régulières, constantes et cohérentes.

Les mages sont venus se prosterner devant l'enfant de la Perse. La naissance s'est déroulée sans complication. Même s'il n'y avait pas de médecins ni de sages-femmes pour s'occuper de Marie, mais qu'il y avait des animaux avec leurs bêlements et leurs mugissements, les anges étaient aux aguets et contrôlaient fermement la situation. Elle a accouché saine et sauve, en toute sécurité et en bonne santé. Quelle assistance divine ! Quelle sage-femme divine ! Votre future famille ne peut jouir de telles bénédictions miraculeuses que si les fondations sont bien posées avec des relations sexuelles sans péché. Dieu peut encore le faire pour toi si tu es prête à demeurer en Lui.

Dieu a utilisé les constellations pour accomplir son plan divin dans la vie de Joseph, de Marie et de l'Enfant. L'étoile est apparue dans le ciel pour montrer la différence entre cette naissance pure et pieuse et la naissance d'une grossesse hors mariage. Une autre jeune femme aurait vécu à proximité et aurait observé la façon dont Joseph et Marie ont été honorés par les anges, les hôtes du ciel, les bergers et les mages. Apparemment, si elle n'avait pas vécu de la même manière, elle aurait ressenti de la jalousie et regretté son égarement. Elle se serait dit : "J'aurais pu être la mère de cet enfant : J'aurais pu être la mère de cet enfant ou j'aurais aimé être la mère que l'on félicite ainsi. Tirez-en la leçon.

Votre puissance sexuelle n'est pas synonyme d'impureté sexuelle. Vous pouvez être un Joseph et une Marie glorieux pour votre génération si vous choisissez cette voie aujourd'hui. La moralité sexuelle est un moyen de promotion spirituelle. En tant que jeune, vous serez un jour dans la salle d'examen sexuel comme Joseph dans la maison de Potiphar avec la femme seule. Un jour, on vous remettra des feuilles de questions pour que vous puissiez écrire votre témoignage. Actuellement, vous recevez des enseignements par le biais du livre que vous lisez, de l'étude de la Bible dans votre église, des enseignements de vos parents, bons ou mauvais, de vos amis, de la télévision, de la radio, des journaux et d'autres choses du même genre. Il ne vous reste plus qu'à choisir la source d'information la plus correcte et la plus actuelle - la Bible - et à apprendre de la parole de Dieu.

La façon dont vous traitez la sexualité dans votre jeunesse montre le niveau de votre intégrité morale. Si vous parvenez à rester pur, vous serez plus digne de confiance. Si vous voulez que les gens vous fassent confiance, gardez votre pureté. Votre conscience ne sera pas transpercée par une flèche d'angoisse si vous vous abstenez de toute immoralité.

Votre vie spirituelle ne sera pas stagnante mais continuera à croître et à briller lorsque vous aurez compris le secret de la pureté sexuelle. Vous aurez confiance en vous, sans orgueil vide et sans vous glorifier d'avoir évité les tentations sexuelles. Il faut ajouter que la victoire d'hier ou d'avant-hier n'est pas suffisante. Elle doit être quotidienne. Vous vous souvenez de l'avertissement apostolique de notre père spirituel, Pierre : "Le diable rôde comme un lion rugissant, cherchant qui il peut dévorer. Soyez donc sobres, maîtres de vous-mêmes, vigilants, attentifs - 1 P 5.8-9 (c'est moi qui souligne).

Si vous prétendez être spirituel, vérifiez votre vie sexuelle. C'est un critère essentiel, une épreuve de vérité pour vous mesurer devant Dieu. Car telle est la volonté de Dieu, votre sanctification : que vous vous absteniez de toute immoralité sexuelle- 1 Thess. 4:3. De peur qu'il n'y ait parmi vous un fornicateur ou un profane comme Ésaü, qui, pour un morceau de nourriture, vendit son droit d'aînesse. Car vous savez qu'ensuite, lorsqu'il voulut hériter de la bénédiction, il fut rejeté, parce qu'il ne trouva pas de lieu de repentance, quoiqu'il la cherchât avec larmes - Héb. 12:16-17- Prenez garde !

Le sexe n'est pas un péché ! Il a été créé par Dieu. C'est un don de Dieu à l'humanité. Il suffit de l'apprécier. Les désirs sexuels continueront à vous accompagner aussi longtemps que vous vivrez. Même dans vos états d'âme spirituels les plus intenses, ils sont présents. Ce que l'on attend de vous, c'est que vous les contrôliez et les apprivoisiez. Lorsque vous êtes légalement et bibliquement marié, vous le laissez libre dans le cadre du mariage. Lisez rapidement ce passage passionnant, Proverbes 5:1-20. Bienvenue

Le sexe est spirituel ! Il affecte le corps, les émotions, l'âme et l'esprit. Les simples lettres S-E-X attirent nos yeux. Il fait appel à nos émotions ! Vous aimez et désirez le donner en tant qu'homme et vous désirez le prendre en tant que femme. C'est la conception de Dieu, son créateur. Mais avec un contrôle ! Vous devez lutter contre les désirs et les pressions de la tentation sexuelle tous les jours de votre vie afin de ne pas abuser de ce grand don.

Votre valeur, votre prix et la qualité de votre vie peuvent être déterminés par votre sexualité. Sois un poids lourd ! Tu vaux plus que des rubis ! Votre prix, votre orgueil, votre humilité, votre obéissance et votre désobéissance peuvent être déterminés par votre vie sexuelle. Vérifiez ceux qui sont obéissants et désobéissants dans la communauté, parmi les frères, les types minables et autres. Ce sont ceux qui s'engagent dans des péchés secrets pour ensuite essayer de couvrir leurs péchés par une vie irrationnelle et troublée. Méfiez-vous !

Votre vie sexuelle vous indique, ainsi qu'aux autres, que vous pouvez sauver la vie ou tuer. Depuis l'Antiquité, la vie immorale est associée au meurtre. Si vous vous engagez dans une vie immorale, vous pouvez tuer vos semblables. Vérifiez les meurtres sur les campus, l'immoralité est responsable de plus de 70 % d'entre eux. Les histoires de Lamech - Gen. 4:23-24 ; Sichem et Dina - Gen. 34 ; Joseph et la femme de Potiphar - Gen. 39 ; La concubine lévite - Jd. 19 ; David et Bathseba - 2 Sam. 11 ; et Amnon et Tamar - 2 Sam. 13 de la Bible vous disent que les relations sexuelles avant le mariage, la fornication et l'adultère mènent tous au meurtre. Les avorteurs sont des meurtriers et la genèse de leur situation est l'immoralité sexuelle.

Ce que vous imaginez toujours dans votre esprit peut vous contrôler. Gardez votre cœur pur. Le fait d'être un dirigeant d'Église ou de s'engager dans des activités spirituelles ne vous immunise pas contre les maladies morales que sont l'adultère et la fornication (Wyrtzen : 1991:137). Par conséquent, gardez votre cœur pur en toute pureté - 1 Tim. 5:22.

Joseph et Marie sont devenus des célébrités aujourd'hui simplement à cause de leur célèbre moralité sexuelle. Allez et ne péchez plus ! - Jésus-Christ.

CHAPITRE VI : DES FOURMIS DEVENUES GÉANTES GRÂCE AU SEXE

Tout le monde aime se tenir debout et rester debout. Il est bon de rester debout. Dieu veut que vous restiez debout sans vous incliner ou tomber sous l'emprise du sexe-monstre. Tomber n'est pas la volonté de Dieu pour les enfants qu'il est. Son désir est que nous restions fidèles jusqu'à la fin. Il nous donne tout le soutien nécessaire pour que nous restions debout.

Il y a de la joie à vivre une vie victorieuse. Il y a de la joie à gagner la bataille. Regardons les athlètes, chaque fois qu'ils battent leurs adversaires, ils poussent des cris de joie. Il y a un cri de joie dans la victoire. La vie chrétienne que Dieu conçoit pour nous est une vie victorieuse. Il y a de la puissance dans la victoire. La victoire est un encouragement. Il y a de l'enthousiasme dans la victoire. Il y a un grand gain dans la victoire. Notre bon Dieu veut que nous montions sur la colline et que nous restions. Il veut que nous montions et que nous restions debout.

Celui qui vainc s'est vu offrir une couronne déjà au ciel. Le Sauveur nous encourage à vaincre, comme il l'a fait, Satan, la chair et le péché. Car, ayant souffert lui-même, étant tenté, il peut aider ceux qui sont tentés - Héb. 2:18. Car nous n'avons pas un souverain sacrificateur qui ne puisse compatir à nos faiblesses, mais qui ait été tenté en tout point comme nous, sans toutefois commettre de péché - Héb. 4:15. Les vainqueurs gouverneront les nations comme le Sauveur gouverne les nations depuis le ciel. Les vainqueurs s'assiéront sur le trône avec le Sauveur - Apoc. 2:26-28 ; 3:21-22. Quel grand et divin privilège !

La vie de Joseph dans l'Ancien Testament en est l'illustration. Joseph peut être comparé à une fourmi parmi ses frères. La vie de Joseph est un exemple de piété. La radiographie de sa vie donne un exemple à suivre.

Son père Jacob était un fugitif à Padan-Aram. Il s'est enfui de la maison de son père à cause de problèmes familiaux et de la jalousie. Ésaü, son frère, avait déterminé la date de sa mort et s'apprêtait à publier sa nécrologie immédiatement après la mort de son père Isaac, sans se soucier du double deuil qui allait frapper sa mère âgée, Rebecca. Il s'enfuit pour sauver sa vie, comme le lui avaient conseillé sa mère et son père en priant.

Padan-Aram n'a pas fait de différence. Le cousin s'avéra rusé et frauduleux. Il changea dix fois le salaire de Jacob, avec 20 à 21 ans de service sous le soleil et sous la pluie, le jour et la nuit. Le mariage avec Rachel nécessitera quatorze ans de semi-servitude et d'esclavage avant que le père ne la libère. Finalement, l'objectif et la vision matrimoniale se sont réalisés. Rachel est mariée !

Maintenant, c'était la bataille pour que le fruit de ses entrailles hérite de l'alliance abrahamique dont Jacob était porteur. L'accomplissement de la promesse de la semence n'était pas pour demain. L'envie conjugale et la rivalité entre deux sœurs de sang ont fait surface sous le même toit. La sœur aînée a donné naissance à six garçons pleins d'entrain et à une charmante demoiselle avant que l'épouse convoitée, dont la dot avait été payée après quatorze ans de service, ne puisse concevoir et mettre au monde un fils.

Dieu a eu pitié d'elle et elle a conçu et donné naissance à un fils qu'elle a appelé Joseph, ce qui signifie Dieu ajoutera, en priant Dieu d'ouvrir son utérus à d'autres enfants en raison de son opprobre. Enfin, Dieu exauça sa prière et l'épouse devint enceinte. Neuf mois plus tard, le moment de l'accouchement approchait. L'attente était grande. Tous les membres de la famille attendaient un autre fils de l'épouse bien-aimée.

L'accouchement fut douloureux sur la route d'Ephrata-Béthléem, comme Dieu l'avait ordonné. Les infirmières de l'époque luttèrent pour sa vie, mais en vain. Enfin, elle mit au monde un fils qui s'ajouta à Joseph. Mais elle ne vit pas assez longtemps pour les allaiter jusqu'à leur maturité. Qui prendra soin du jeune Joseph et du jeune Ben-Oni, comme l'appelait son âme mourante, devenu Ben-amin, par son père aimant, communément appelé Benjamin ?

Joseph est laissé à la merci des belles-mères. Si elles le tuent, personne ne s'en préoccupe, à l'exception de Jacob, le père âgé et en séjour. Joseph n'a pas eu la vie facile parmi ses frères. Le caractère moral des frères pouvait être différent des enseignements que Joseph avait reçus de sa mère pendant ces courtes périodes et de son père aimant. Il ne pouvait pas tromper son père comme d'autres le faisaient. Il devait donc dire la vérité. De plus, son père l'aimait plus qu'eux tous. C'est pourquoi ils le haïssaient.

Joseph a commencé sa vie au milieu de la haine et de l'envie. Cette haine et cette envie étaient si fortes qu'elles allaient jusqu'à la mort. Un homme dans la maison de son père et qui, en obéissant aux instructions de son père, s'est retrouvé en esclavage, vendu. Les frères ne se sont pas souciés de la vision glorieuse et des rêves que Joseph a partagés avec eux. A l'esclavage, le rêveur ! crièrent-ils.

Joseph s'est retrouvé en esclavage, sans tenir compte de son rêve, il était maintenant un serviteur. Le service fidèle qu'il a rendu a présenté une épreuve fatale et finale devant lui. Soit il réussissait, soit il perdait l'occasion qui s'offrait à lui. Examen sexuel dans la maison, seul avec l'une des avant-gardes urbaines de l'empire ! En vérité, Dieu a montré l'avenir à Joseph, mais il ne lui a pas dit comment il l'accomplirait. Toi aussi, tu peux recevoir une puissante révélation de Dieu, mais tu ne sais pas comment il l'accomplira. Tant que tu n'auras pas passé l'épreuve finale, Dieu ne pourra pas réaliser ce qu'il a en réserve pour toi.

J'appartiens à la race d'Abraham. J'ai reçu un appel céleste. J'ai reçu un mandat et une grande mission du Dieu de mes pères. Je porte une onction spéciale sur moi. Je suis soumis à une puissante alliance. Je suis un jeune homme spécial. Je suis peut-être un esclave aujourd'hui, mais j'ai un grand avenir. Dans notre ordre de cérémonie de mariage, ce n'est pas le lit qui précède l'autel. C'est l'autel qui précède le lit. Je suis hébreu, nous ne pratiquons pas le mode de vie égyptien - Deut. 18:3.

Le mariage est honorable pour nous et le lit ne doit pas être souillé. C'est notre principe spirituel. Nos arrière-grands-pères nous ont transmis le message qu'ils avaient reçu de leur Dieu - Gen. 18:16-19. Je ne supprimerai pas l'ancienne marque de pureté - Pro. 22:8. Femme, j'ai un avenir ! Je t'en prie, ne détruis pas mon avenir !

Je suis destinée au trône dans le public. Je suis destinée à être célébrée sur le trône en public. Le lit dans le secret n'est pas ma part. La vie au lit n'est pas mon destin. Joseph a supplié.

La femme continua à exercer des pressions sur Joseph afin de l'échanger, mais Joseph continua lui aussi à résister au diable et à ses manigances. Cela l'a également conduit en prison, mais il a refusé de céder ou de s'incliner. Oui, et tous ceux qui veulent vivre pieusement dans le Christ Jésus doivent souffrir la persécution - 2 Tim. 3:12.

La prison n'a servi qu'à promouvoir Joseph au trône. C'est de la prison que Dieu l'a envoyé au palais. Ce qui n'était pas une entité pour les autres est devenu une personne importante. Une personne contre laquelle on conspirait est devenue une personne célèbre. Joseph est passé de l'épreuve au triomphe. Joseph est passé de la tribulation au témoignage. Il est passé des soupirs aux chants de joie. Il est passé du commun à l'inhabituel.

Parce que Joseph a refusé d'être célébré sur un lit décontracté dans le secret, Dieu l'a promu au trône dans le public. Dieu est prêt à vous célébrer lorsque vous êtes prêt à le célébrer et à l'adorer dans la beauté de la sainteté, même dans le secret. Rappelez-vous qu'il a fallu à Joseph treize années solides pour surmonter toutes les difficultés de sa vie. Le stade de la puberté ne dure pas jusqu'à treize ans. Toi aussi, tu peux endurer et vaincre.

Si votre puberté commence à l'âge de 13-14 ou 15-16 ans et que vous vous mariez à l'âge de 25-27 ou 27-29 ans, il suffit de 12-13 ans d'abstinence sexuelle pour tenir le coup. Après le mariage, vous ferez partie de la famille et jouirez d'une sexualité douce pendant au moins 45 à 50 ans. Attendez, s'il vous plaît !

Joseph est passé par les six P et a franchi toutes les étapes :

I. MAISON DES PARENTS

II. FENÊTRE

Le premier P est Pit. Ses frères l'ont jeté dans la fosse, pensant qu'il y mourrait, mais Dieu l'a délivré. Il ne les a pas maudits, mais il a remis sa vie entre les mains de Dieu.

III. LA MAISON DE POTIPHAR

Le deuxième P était la maison de Potiphar. Pour Joseph, c'était une tanière sexuelle avec des pattes de lion. Seul dans la maison, alors qu'il était en train de faire son travail normal et qu'il n'était pas oisif, un test sexuel s'est présenté à lui et il y a résisté. Il n'a pas rationalisé ni discuté avec l'agent du diable. Il a affirmé sa vie spirituelle et ses normes et s'est enfui loin d'elle !

IV. LA PRISON

Le troisième P était la prison. Il a été jeté en prison parce qu'il a résisté à la tentation sexuelle. C'est là qu'il a trouvé la faveur de Dieu. La Bible prévoit des espaces pour la souffrance dans la piété et condamne la souffrance en tant que fornicateur ou adultère. Lisez rapidement 1 Pierre 4:12-19 pour mieux comprendre cela. C'est bien ! Je crois que c'est clair pour vous.

Le talent d'interprétation des rêves que Dieu utiliserait pour le relier au trône n'est pas tombé sur le lit ni n'a été déposé dans la féminité de la femme de Potiphar. Joseph est resté intact, scellé, couvert et non blessé par l'étrange femme !

V. LA PRÉSENCE DU PHARAON

VI.   LE PALAIS

Le dernier P glorieux est le Palais. Je sais que tu aimes vivre dans un palais. Le temps vint où Dieu agita la providence. Le roi de l'empire rêva. La confusion régnait. Personne ne pouvait comprendre le rêve, sauf celui qui s'était détaché de l'ordre commun du jour, car tous s'étaient égarés. Le temps d'éprouver qui est avec l'Esprit de l'Éternel et qui vit une vie pure est venu. Le temps de la récompense arriva. Le ciel se souvint de Joseph.

Joseph était sur le trône, prospère. Il était maintenant sur le trône en tant que dirigeant. La fourmi d'autrefois était devenue un géant de l'empire. Quel était le secret ? La distinction dans le test sexuel ! Le facteur déterminant ? L'excellence dans le cours majeur de sexualité ! Le point fort ? La meilleure note à l'examen sexuel du GNS ! Qui voulez-vous être ? Un géant ou une fourmi ? Si l'échec sexuel t'a transformé en fourmi alors que Dieu t'a conçu pour être un géant, la puissance du Saint-Esprit va te restaurer maintenant.

CHAPITRE VII : DES GÉANTS TRANSFORMÉS EN FOURMIS PAR LE SEXE

Sans aucun doute, la chute est douloureuse. Personne n'aime tomber. Il est douloureux de tomber. La chute comporte beaucoup de "si ça avait été" et de "si j'avais su". La chute est pleine de larmes. Elle est pleine de chagrins. Tomber, c'est court-circuiter. La chute détourne l'attention. Il désorganise. Elle perturbe. Elle déshonore. Il désorganise. Elle jette à terre. Il supplante. Il entraîne des souffrances indicibles. Elle entraîne des pertes. Il laisse des traces indélébiles sur les victimes. Il transperce avec des flèches destructrices.

Les instruments sont impitoyables. Les agents de la chute ne tiennent pas compte du coût de la construction jusqu'à ce moment. Ils ne savent pas que les victimes ne sont pas les seules touchées. Les agents de la chute ne savent pas que la chute affecte beaucoup d'autres choses. Les instruments de la chute ne savent pas que c'est comme si l'on frappait le berger et que les brebis se dispersaient. Les agents de la chute ne savent pas que c'est comme de l'eau versée sur la tête, cela affectera définitivement tout le corps.

Les victimes ne savent pas que cela affecte les autres autour d'elles. Les victimes ne savent pas que cela affecte leur présent et leur avenir. Oh ! frères, essayez de rester debout et refusez de tomber. Les victimes doivent savoir qu'il est plus facile de rester debout que de se relever après la chute.

Illustrons cela par la vie de Ruben. La vie de Ruben sert d'exemple aux frères. Ruben était un enfant difficile à gagner. Il a eu la grande chance d'être le premier enfant mâle de la famille de Jacob, son père, et de Léa, sa mère. Cette position permettait à Ruben de posséder une double portion de tout l'héritage de Jacob et de l'alliance et des bénédictions d'Abraham. Sa mère lui donna le beau nom de Ruben, qui signifie : "Vois, un fils après des années d'absence d'amour. Je t'attendais, jeune garçon ! s'exclama-t-elle.

Ruben était destiné à devenir un géant. L'héritage que lui a conféré la grâce d'être le premier enfant mâle l'a qualifié pour être un géant dans la famille et dans le pays - Deut. 21:15-17. Chaque fois que l'on mentionne les noms des enfants de Jacob, le nom de Ruben doit venir en premier. Pourquoi ? parce qu'il était le premier né. Chaque fois que l'on cherche le chef de la famille, Ruben doit se présenter et s'imposer. Pourquoi ? parce qu'il était le premier né. Quel privilège !

Mais Ruben a perdu cette grâce. Il a perdu l'occasion. Il a changé son destin de géant en fourmi. Comment cela s'est-il produit ? Par l'immoralité sexuelle ! Comment ? L'inceste ! Quelle affection démesurée pour la femme de son père ! C'est lorsque son père habitait dans le pays où sa bien-aimée Rachel est morte que Ruben est allé s'accoupler avec Bilha, la femme de son père. Il a également vendu son droit d'aînesse par immoralité sexuelle, comme Ésaü. Quelle grande perte pour sa future postérité ! S'il vous plaît, ne vendez pas votre droit d'aînesse en ayant des relations sexuelles avant le mariage ! Il est précieux pour vous et vos enfants, aujourd'hui et dans un avenir proche !

Cet acte sexuel singulier a changé toute sa vie. Il a déposé son droit d'aînesse dans le trou de Bilha. Il ne pouvait plus le récupérer. Il a déposé sa double portion de bénédictions dans la féminité de Bilha. Il ne pourra plus jamais la posséder. Peut-être pensait-il que son père était perdu dans le deuil de Rachel, qu'il ne pouvait pas connaître le secret. Mais la parole de Dieu dit ...et Israël en eut le cœur net - Gen.35:32.

La femme étrangère - Bilha - n'a pas considéré la mort de sa maîtresse comme quelque chose. Elle a oublié qu'elle était l'esclave et la servante de la défunte. Elle n'a pas su apprécier la femme qui l'a fait entrer dans la gloire. Elle a oublié la faveur qui l'a fait passer du statut de servante à celui d'enfant de seize ans. Te souviens-tu aussi de la faveur de Dieu sur ta vie au moment de la tentation ? Vous souvenez-vous du travail de translation spirituelle et de transport du royaume des ténèbres à la lumière éternelle et glorieuse que le Sauveur a effectué sur vous dans le placard avec un partenaire immoral ? S'il vous plaît, souvenez-vous et sauvez-vous du frère et de la sœur immoraux - Col. 1:12-13.

Lorsque le moment fut venu pour leur père de leur accorder les bénédictions, Ruben fut appelé en premier, comme d'habitude. Le père le loua et le chanta avec des phrases et des expressions adjectivales. Des mots beaux et colorés étaient soigneusement choisis pour le décrire et décrire la position exaltée qu'il occupait dans la famille. Tous les autres frères écoutaient avec une grande attention. Tout à coup, l'atmosphère se chargea et changea. Jacob a tout de suite regardé Ruben et l'a maudit. Tout cela à cause d'un acte sexuel contraire à la volonté de Dieu !

Il était destiné à exceller, mais le père a dit : ...tu n'excelleras pas, car tu es monté sur la couche de ton père, et tu l'as souillée - Il est monté sur ma couche -

Gen. 49:4. Il l'a fait une fois, mais il a perdu toute gloire et tout honneur. Il faut être prudent lorsqu'il s'agit de questions sexuelles dans la vie d'un jeune. Un voyage imprudent vers le lit dans le secret peut conduire à un destin de grabataire et de bourreau. Au lieu de numéroter les noms des enfants de Jacob en fonction de leur rang d'aîné, Ruben a son nom en cinquième position sur la liste - 1 Chro. 5:1-2. Un géant transformé en fourmi ! L'histoire de ce frère Ruben vous apprend-elle quelque chose ? C'est bien !

Dinah sert d'exemple aux femmes qui veulent bien l'écouter - Gen. 34. Dinah était une autre jeune femme, destinée à être une géante parmi ses frères. Elle aussi occupait une position unique. Unique dans le sens où elle était la seule fille à qui Dieu avait permis de faire partie des premiers descendants d'Abraham, d'Isaac et de Jacob. Il y en avait d'autres, mais elle était la seule et la première fille des patriarches. Son nom est mentionné dans les Écritures, mais uniquement dans le cadre d'un acte sexuel imprudent et pécheur.

Dinah aurait dû faire attention à son destin en tant que fille unique de la famille. Elle aurait dû chérir sa position de fille unique parmi douze frères. Elle aurait dû se limiter au territoire de ses parents, rester dans la communauté et vivre sa vie avec douceur. Au contraire, elle voulait être comme les autres. Elle voulait ressembler aux filles du pays. De nombreuses sœurs ont commis des péchés sexuels dans des institutions supérieures simplement parce qu'elles voulaient être comme les autres. Elles voulaient être connues !

Elle n'a pas réalisé qu'elle appartenait à une autre race, à une autre tribu, à une génération choisie. Elle n'a pas reconnu qu'elle était un pèlerin et une résidente ici. Elle n'a pas apprécié les efforts déployés par ses parents pour la former à ce niveau. Elle n'a pas reconnu qu'elle portait sur elle l'onction, une grande onction et des privilèges spéciaux. Elle n'a pas reconnu l'alliance abrahamique qui la concernait. Elle aurait dû avoir un nom glorieux dans la Bible, comme la Vierge Marie dans le Nouveau Testament.

Elle n'était pas allée bien loin lorsque Sichem le Cananéen, Sichem le sensuel, Sichem le sexuel, Sichem le pécheur, Sichem l'impudique et Sichem le honteux l'ont saisie et lui ont montré l'attitude des gens dans le monde. Il lui a montré la vraie couleur des gens du pays. Lorsque vous sortez des limites de Dieu, vous voyez forcément l'autre côté de la vie. En vérité, la terre appartient au Seigneur, ainsi que sa richesse. Mais il y a des territoires sataniques que les anges craignent et tremblent de fouler. Ne réclamez jamais une promesse spirituelle si vous n'êtes pas sexuellement à la portée de Dieu.

Sichem a montré à Dinah qui ils étaient dehors, à Canaan. Nous sommes des violeurs, a démontré Sichem. Nous sommes sexuellement immoraux et sans retenue en matière de sexe. Nous avons des mœurs légères. L'immoralité est notre mot d'ordre dans ce pays. Ne vous l'a-t-on pas dit ? Nous ne nous soucions pas des dates et des cérémonies de mariage. Nous adorons les idoles. Nous adorons même nos idoles par notre nudité et notre débauche sexuelle, et elles se réjouissent de nous voir ainsi. La prostitution religieuse fait partie des services religieux dans nos temples et sous d'autres arbres verts. On ne vous l'a donc pas dit ? Je suis surpris ! La virginité ? Oubliée et oubliée depuis longtemps ! Elle ne reste dans le dictionnaire que pour que la postérité la connaisse comme un mot de l'antiquité. Nous n'apprécions pas l'autodiscipline. Vous devez être dépassé et un puritain du millénaire ! Nous n'avons que faire de l'alliance matrimoniale. Nous n'apprécions pas la contrainte d'attendre que la dot soit payée. Nous n'apprécions aucune patience avant de nous connaître charnellement. La société était telle que Dinah pensait pouvoir y aller et en revenir indemne et indemne. Mais c'est l'inverse qui s'est produit !

Dinah pensait qu'elle pouvait se promener dans la rue, à l'autre bout de la ville et voir ce qui s'y passait. Elle y est allée et a vu l'enfer. Elle y est allée intacte et en est revenue blessée, meurtrie et brisée. Les cicatrices étaient trop nombreuses ! Lorsque Dieu dit : "Partez ! Partez ! Sortez de là, ne touchez pas à ce qui est impur ; sortez du milieu d'elle, soyez purs, vous qui portez les vases du Seigneur - Isa. 52:11. Beaucoup de jeunes femmes ont cru à une plaisanterie. Dieu dit : "Partez ! Lorsque les prédicateurs prêchent la sainteté, certains jeunes plaisantent secrètement, rient et se moquent de ce mot. Ils baissent la tête et rient pendant que le message se déroule. Leur esprit est tourné vers les péchés secrets qu'ils commettent, et beaucoup d'entre eux reviennent blessés après avoir reçu la flèche du sexe avant le mariage.

Une visite à une fête nocturne impie, à une salle de cinéma ou à un centre satanique a fait perdre à beaucoup leur moralité sexuelle. Pour certains, il s'agit d'une seule nuit compromettante. Ce n'est qu'une seule visite charnelle dans des zones de sexe interdit qui est à l'origine de tout ce gâchis dans la vie de beaucoup. Dinah n'a pas compris le principe du pays et elle a été prise au dépourvu. Ne soyez pas pris au dépourvu.

Ce qu'elle avait préservé pendant des années a été violé par un impie cananéen. Pouvons-nous compter le nombre de nos sœurs qui ont perdu leur pureté sexuelle au profit du camp de la race impie d'autres religions par le biais d'une visite imprudente et d'un rendez-vous au bureau, dans les auberges, les restaurants et les maisons au nom de la recherche d'un emploi et d'une faveur financière ! Sœurs, soyez sages !

Sichem était un Cananéen. Il n'était pas circoncis. Son cœur, ses yeux, ses oreilles, ses mains et ses organes sexuels n'étaient pas circoncis spirituellement. Ils pouvaient abriter des pensées immorales. C'est pourquoi il ne pouvait pas attendre. Les mains pouvaient caresser. La bouche pouvait s'engager dans des baisers érotiques, ses mains pouvaient s'exercer à la caresse. Ses yeux étaient pleins d'adultère et ne pouvaient cesser de pécher, séduisant les âmes instables - 2 P. 2:14. Tout simplement parce qu'il appartenait à la génération cananéenne !

Sichem dit en fait à Dinah que le pays n'a pas d'ordre de mariage. Dans notre société, tout est permis. C'est le sexe d'abord ! Dans notre culture, le point d'entrée dans le mariage est le sexe, ce qui est l'ordre inverse du vôtre. Nous n'avons pas de Dieu qui contrôle nos désirs et nos appétits d'abord ! Il faut d'abord enlever les robes avant le prix de la fiancée. C'est l'essai d'abord. Dans notre culture, il faut d'abord goûter et savoir ce qu'il y a. Nous traitons nos femmes comme des prostituées. En effet, elles le sont ! Confirmez rapidement cela dans Eph. 4:17-24. Vous voyez ! Faites attention ! Il y a autour de vous des frères qui ressemblent à Sichem et dont l'appétit est d'abord sexuel.

Quatre choses se sont produites dans cet épisode entre Sichem et Dina :

    i. Il l'a vue

Sichem dit à Dina que dans cette société, nous sommes gouvernés par notre vue. Nous marchons par la vue. Nous marchons et vivons en fonction de ce que nous voyons. Nous ne nous soucions pas de voir demain. Nous ne voyons que le présent. C'est maintenant que nous croyons, et non plus tard. Pourquoi pas maintenant, telle est notre question primordiale. Et c'est maintenant qu'il faut y répondre. Rappelez-vous que ceux qui marchent sexuellement par la vue sont myopes et deviendront la proie du sexe - 2 P. 2:14 ; Gn. 3:7 ; 1 Jn. 2:15-17. Au contraire, vous devez marcher par l'esprit et vivre dans l'Esprit de Dieu.

Gal. 5:16-18. Vérifiez toute sortie ou tout voyage impie. Si le Saint-Esprit vous dit de ne pas y aller, même si c'est urgent, n'y allez pas.

Si seulement vous pouvez discipliner vos yeux et faire attention à ce que vous regardez, vous vous épargnerez des millions de dangers sexuels. Vous vous souvenez, Eve a vu le fruit. Il s'agit d'un autre regard. Le fruit était là dans le jardin, mais lorsque Satan lui a présenté le danger, elle l'a regardé avec péché. La femme vit que l'arbre était bon à manger, qu'il était agréable à la vue, et que c'était un arbre propre à rendre sage, et elle prit de son fruit et en mangea.

Elle en donna aussi à son mari qui était avec elle, et il mangea - Gen. 3:6. Comment regardez-vous le sexe opposé ? Uum...uuum...mmm !

La personne avec laquelle vous commettrez probablement des péchés sexuels est présente autour de vous depuis des années. Jusqu'à ce que tu la regardes à nouveau, tu ne commettras pas de péché dans ton cœur. David a également regardé Bethsabée de manière pécheresse. Du haut de la tour, il vit une femme qui se baignait, et cette femme était très belle à voir - 2 Sam. 11:2. Cela signifie que Bethsabée vivait autour du palais. David a pu la voir autour du palais et rien ne s'est passé depuis. Mais lorsqu'il a jeté un nouveau coup d'œil, il a constaté que son cœur et ses actes étaient entachés de péché. Faites attention à vous et à ce que vos yeux regardent.

   ii. Il l'a prise

Cela peut être interprété comme le fait de la forcer. Mais une interprétation plus poussée peut signifier qu'il l'a caressée et manipulée avec tendresse pour la séduire. Eve aussi a pris le fruit. David a également pris Bethsabée. La Bible dit en effet que David envoya des messagers et la prit... 2 Sam. 11:4. Méfiez-vous des messages que vous envoyez par votre téléphone GSM ! Beaucoup ont envoyé des messages destructeurs et des personnes crédules ont été capturées sexuellement.

   iii. Il a couché avec elle

Sichem a couché avec Dina ! Honteux ! Elle n'est sortie que pour voir les filles du pays, mais elle a perdu quelque chose de précieux pour elle, son avenir et son destin - sa virginité. David a également couché avec Bethsabée ...Et il coucha avec elle, car elle était purifiée de son impureté... 2 Sam. 11:4. Elle était sexuellement mature et préparée à une éventuelle grossesse à ce moment-là. David aurait pensé qu'il suffisait de s'accoupler avec elle et de la laisser retourner chez elle. Mais ce n'est pas tout ! Aucune relation sexuelle n'est gratuite ! Elle était dans sa période de fertilité et elle a conçu pour David qui n'était pas préparé à cela.

Le sexe occasionnel ne s'arrête pas là. Il va de pair avec beaucoup d'autres choses. Deux adultes sont sexuellement préparés à tout ce qui a trait au sexe ! Ne risquez pas votre vie. Lorsqu'il y a un jeune homme et une jeune femme, il y a forcément une attirance sexuelle l'un pour l'autre. Surveillez les limites ! Marquez les lignes de démarcation ! Faites attention aux zones interdites ! Faites attention à ce que vos yeux regardent. Faites attention à ce que vos mains font ou touchent. Surveillez vos gestes ! Fais attention à ce que dit ta bouche. Elles peuvent vous mettre le feu aux poudres !

    iv. Il l'a violée

Le concept hébraïque du sexe avant le mariage est de gâter la bonne chose, de détruire ce qui est censé être préservé, de déchirer une chose nouvelle et de la rendre vieille. Sichem a violé Dina ! Il l'a gâchée sexuellement ! Il l'a perforée ! Il l'a perforée ! Il lui a infligé des marques douloureuses ! Dinah est devenue une épouse étiquetée et une vierge brisée simplement parce qu'elle est sortie pour voir et qu'elle a vu des choses terribles. Toute relation sexuelle avant le mariage perfore votre corps. Il transperce votre âme. Il transperce votre futur témoignage. Fuyez les relations sexuelles avant le mariage. Votre principe devrait être : LE SEXE SANS LE PÉCHÉ ! Que Dieu vous bénisse !

CHAPITRE VIII : 75 BÉNÉDICTIONS D'UNE SEXUALITÉ SANS PÉCHÉ

1. Les bonnes relations sexuelles sont pour les gens de bien qui attendent le Seigneur pendant leur jeunesse.
2. Les relations sexuelles sans péché renforcent le corps.
3. Le sexe sans péché vous rend fort spirituellement.
4. Les relations sexuelles sans péché permettent de faire la différence entre les relations sexuelles avant le mariage et les relations sexuelles pendant le mariage.
5. Le sexe sans péché permet d'attirer la grâce divine.
6. Le sexe sans péché vous attire la faveur de Dieu.
7. Le sexe sans péché fait de vous l'objet d'honneur dans la société.
8. Le sexe sans péché fait de vous l'objet d'honneur dans la société.
9. Le sexe sans péché permet d'éviter les blessures corporelles.
10. Le sexe sans péché permet d'éviter les erreurs coûteuses.
11. Le sexe sans péché permet d'éviter les chagrins d'aujourd'hui et de demain.
12. Le sexe sans péché vous permet d'éviter les MST, les attaques du VIH/SIDA.
13. Le sexe sans péché vous donne une vision claire de votre avenir.
14. Le sexe sans péché vous prépare à un foyer pieux dans le Seigneur.
15. Le sexe sans péché rend vos prières pieuses devant Dieu.
16. Le sexe sans péché rend votre promotion spirituelle certaine comme Joseph.
17. Le sexe sans péché vous fait vivre longtemps.
18. Le sexe sans péché te permet de mieux jouir de ta future maison pieuse.
19. Le sexe sans péché vous lie véritablement à votre conjoint.
20. Le sexe sans péché montre votre fidélité à Dieu et à votre conjoint.
21. Le sexe sans péché vous donne la victoire. Le sexe sans péché vous déclare victorieux.
22. Le sexe sans péché augmente votre force pour de futurs exploits.
23. Le sexe sans péché vous montre que vous pouvez contrôler d'autres domaines de votre vie.
24. Le sexe sans péché rehausse ta valeur. Tu n'es pas à vendre !
25. Le sexe sans péché renforce votre sincérité et votre intégrité.
26. Le sexe sans péché renforce votre autodiscipline.
27. Le sexe sans péché renforce vos témoignages.
28. Le sexe sans péché renforce votre courage pour vaincre d'autres péchés.

29. Le sexe sans péché renforce vos qualités de leader.

30. Le sexe sans péché améliore votre santé.

31. Le sexe sans péché augmente votre valeur. Vous valez plus que des rubis.

32. Le sexe sans péché améliore votre mariage. Il donne un foyer pieux.

33. Le sexe sans péché améliore la qualité des enfants que vous aurez.

34. Le sexe sans péché renforce votre pureté. Le sexe sans péché renforce votre sainteté.

35. Le sexe sans péché améliore votre vie chrétienne. Le sexe sans péché améliore votre qualité spirituelle.

36. Le sexe sans péché améliore votre relation avec les autres.

37. Le sexe sans péché améliore votre relation avec votre futur conjoint.

38. Le sexe sans péché améliore votre vie ministérielle.

39. Le sexe sans péché vous évite de commettre un avortement.

40. Le sexe sans péché vous évite de commettre un meurtre.

41. Le sexe sans péché vous évite de conclure une alliance de sang avec un homme et une femme étrangers.

42. Le sexe sans péché vous préserve de l'esclavage conjugal.

43. Le sexe sans péché vous sauve d'un homme ou d'une femme immoral(e).

44. Le sexe sans péché vous évite d'être volé par les voleurs sexuels.

45. Le sexe sans péché vous évite d'être volé par les agresseurs sexuels

46. Le sexe sans péché te préserve de la mutilation sexuelle.

47. Le sexe sans péché vous évite d'être tué par les assassins sexuels.

48. Le sexe sans péché vous évite des angoisses inutiles.

49. Le sexe sans péché vous préserve des dangers invisibles.

50. Le sexe sans péché vous préserve de la colère de Dieu.

51. Le sexe sans péché vous préserve des malédictions de l'homme et de la femme immoraux.

52. Le sexe sans péché vous évite de gaspiller vos ressources sexuelles.

53. Le sexe sans péché vous évite de gaspiller vos ressources financières.

54. Le sexe sans péché vous évite de gaspiller vos ressources matérielles.

55. Le sexe sans péché vous évite les moqueries secrètes. Le sexe sans péché vous évite de vous ridiculiser ouvertement.

56. Le sexe sans péché vous évite de gaspiller les ressources de Dieu sur vous.

57. Le sexe sans péché vous évite de gaspiller les ressources et le travail de vos parents à votre égard.

58. Le sexe sans péché vous évite de gaspiller l'investissement de vos parents à votre égard.

59. Le sexe sans péché vous évite de gaspiller l'investissement de l'Église à votre égard.
60. Le sexe sans péché vous évite de perdre votre respect et votre honneur au profit de l'Ungo.
61. Le sexe sans péché vous préserve des attaques de la conscience.
62. Le sexe sans péché vous épargne des fardeaux inutiles.
63. Le sexe sans péché vous évite des souffrances intérieures qui ne peuvent être partagées.
64. Le sexe sans péché vous épargne de nombreux chagrins d'amour.
65. Le sexe sans péché vous épargne de nombreux "si ça avait été".
66. Le sexe sans péché vous préserve de beaucoup de "si j'avais su".
67. Le sexe sans péché vous évite les pièges. Le sexe sans péché vous évite de tomber.
68. Le sexe sans péché vous donne de la joie lorsque vous l'exercez de la bonne manière.
69. Le sexe sans péché vous donne de la satisfaction lorsque vous le pratiquez d'une manière pieuse.
70. Le sexe sans péché vous donne le repos de l'esprit lorsque vous le pratiquez en toute pureté.
71. Le sexe sans péché vous sécurise dans votre famille lorsque vous êtes fidèle à votre conjoint.
72. Le sexe sans péché vous rend saint lorsque vous êtes vraiment saint !
73. Le sexe sans péché vous rend pur lorsque vous êtes vraiment pur !
74. Le sexe sans péché vous rend fidèle lorsque vous êtes fidèle !
75. Le sexe sans péché est l'enseignement de la Bible. Mets-le en pratique dès maintenant !

Le sexe sans péché est un défi pour vous maintenant. Va et vis de la même manière.

CHAPITRE IX : 201 CONSEILS SUR LE SEXE POUR VOUS SEUL

1. Le sexe est spirituel ! Observez ceux qui ont été élevés grâce à lui parce qu'ils ont passé le test sexuel.
2. Le sexe est spirituel ! Regardez ceux qui ont été promus à des échelons supérieurs grâce au sexe parce qu'ils ont contrôlé leur instinct lorsqu'il s'agissait de questions sexuelles.
3. Le sexe est spirituel ! Regardez ceux qui ont été rétrogradés parce qu'ils n'ont pas tenu compte des avertissements et des enseignements en matière de sexualité.
4. Le sexe est spirituel ! Observez ceux dont le destin a été détruit par le sexe parce qu'ils l'ont considéré comme une chose insignifiante.
5. Le sexe est spirituel ! Observez comment il a affecté le destin de nombreuses personnes et de nombreux géants dans le passé et tirez-en les leçons.
6. Lorsqu'il s'agit d'une question sexuelle, gardez le cap sur votre vie, sinon vous perdrez le cap.
7. Ayez une vision juste de votre destinée en matière de sexualité.
8. Chérissez vos talents. Ne laissez jamais le sexe les détruire. Il est difficile de les réparer.
9. La vie ne se résume pas au sexe ! Répète-toi ce mot d'ordre lorsque tu es tenté.
10. Ta destinée est plus grande que de te laisser cajoler et attirer dans des relations sexuelles pécheresses.
11. Le péché sexuel est une perte de gloire. Garde ta gloire intacte.
12. L'immoralité sexuelle est une perte de force et d'onction. Ne perdez jamais votre puissance spirituelle. Souvenez-vous de Samson !
13. En matière de sexualité, fixez des objectifs de vie pour votre futur mariage et rappelez-vous-les chaque jour.
14. Lorsqu'il s'agit de questions sexuelles, décidez d'être unique en tant que personne avec une vie digne d'être un exemple pour les autres.
15. Décidez d'être unique là où les autres s'égarent. Il y a une récompense pour vous.
16. Ne permettez jamais à la foule des impies de vous faire sentir inférieur en matière de pureté sexuelle.

17. Soyez forts dans le cœur et dans l'esprit pour vous accrocher à votre vision de la sexualité.

18. Évitez les ruses de Satan en matière de sexualité. La pureté sexuelle ne consiste pas à être démodé ou dépassé.

19. Les relations sexuelles avant le mariage sont une autopunition. Une fois que vous l'avez expérimenté, il continue à exiger toujours plus de votre corps.

20. Les relations sexuelles avant le mariage sont honteuses. Vous ne pouvez pas supporter cette honte. Évitez-les à tout prix.

21. Les relations sexuelles avant le mariage amputent la personne de sa gloire et de son honneur. Refusez de vous contenter d'une vie amputée.

22. Les relations sexuelles avant le mariage sont une blessure à l'âme. Il est difficile de la guérir. Restez en bonne santé.

23. Les relations sexuelles avant le mariage sont une blessure pour la santé. Restez en bonne santé.

24. Les relations sexuelles avant le mariage sont une blessure pour votre conscience. Refusez de souffrir des tourments de l'âme et de la conscience toute votre vie.

25. Les relations sexuelles avant le mariage portent atteinte à votre vie spirituelle. Maintenez vos normes chrétiennes.

26. Recherchez le meilleur témoignage chrétien sur la sexualité. Dieu peut vous aider et vous fortifier.

27. Recherchez un témoignage pieux sur la sexualité. D'autres l'ont déjà eu et vous pouvez aussi l'avoir.

28. Soyez un futur leader qui partagera le témoignage qu'il a vaincu la convoitise de la jeunesse.

29. Sois un futur leader qui vaincra la tentation sexuelle comme Joseph.

30. Respectez votre Dieu en matière de sexualité. Suivez les enseignements de la Bible sur la sainteté sexuelle.

31. Obéissez aux instructions de Dieu en matière de sexualité. Il vous honorera en retour.

32. Ne pratiquez jamais ce qui peut vous attirer dans le sexe. Le souvenir peut rester plus longtemps en vous.

33. Ne faites pas de publicité pour ce qui n'est pas à vendre. Gardez cachées les parties de notre corps qui sont conçues pour être privées - Dave Burrows.

34. La virginité est un gain important. Le souvenir de sa conservation est doux et joyeux.

35. La virginité est un grand gin. Ne la négociez jamais. Ne la perdez jamais. Le souvenir de sa perte est douloureux.

36. Le sexe est une arme spirituelle. C'est avec elle que vous pouvez gagner votre bataille.

37. La virginité est unique. Soyez unique là où les autres font du shopping sexuel sur des marchés complexes.

38. La virginité est hors du commun. Optez pour une vie hors du commun.

39. La virginité est spéciale. Restez un être spécial.

40. La virginité est biblique. Mettez en pratique ce qui est écrit dans la Bible et non sur les panneaux d'affichage.

41. La virginité est un témoignage glorieux. Gardez le vôtre pour que d'autres l'entendent et vous en félicitent.

42. La virginité n'est pas un mal. C'est une vie debout et droite. Sois droite !

43. Décidez de sceller votre union matrimoniale avec votre futur conjoint par votre virginité.

44. Tu garderas le silence à l'avenir lorsque d'autres raconteront l'histoire de leur virginité et de leur pureté alors que tu auras perdu la tienne.

45. Vous serez heureux de défendre la doctrine de la virginité et de la pureté sexuelle si vous avez vécu de la même manière.

46. Vous serez heureux de former vos enfants à la virginité si vous en faites autant.

47. En matière de virginité, concentrez-vous sur Dieu et non sur les feuilletons.

48. Obéissez à l'enseignement pieux de vos parents sur la pureté sexuelle.

49. Respectez la Parole de Dieu sur la virginité.

50. Respectez les instructions pieuses de vos parents sur la pureté sexuelle. Évitez leurs conseils immoraux.

51. La seule chose qui ne va pas avec la virginité, c'est que beaucoup ne sont pas vierges.

52. La seule chose qui ne va pas avec la virginité, c'est que la société y croit mais ne la vit pas.

53. La seule chose qui ne va pas avec la virginité, c'est que ceux qui n'ont pas gardé leur virginité veulent se marier avec des vierges le moment venu.

54. La seule chose qui ne va pas avec la virginité, c'est que celles qui ont perdu la leur voudront en être une le moment venu.

55. Les autres ne le font pas. En fait, ils fuient les relations sexuelles avant le mariage. Vous ne devez pas le faire !

56. Les relations sexuelles avant le mariage sont un mensonge satanique. Ne l'achetez pas. Le prix est trop élevé pour que vous puissiez le payer.

57. Les relations sexuelles avant le mariage sont des soupirs et des chagrins. Vous devez profiter de votre vie dans le Seigneur.

58. Votre corps est un vase divin. Gardez-le saint pour votre Dieu, le Créateur.

59. Vous êtes le temple du Seigneur. Ne le transformez jamais en un complexe commercial de sexe.

60. Vous êtes le temple du Seigneur. Ne le transformez jamais en supermarché de l'immoralité.

61. La pureté est un pouvoir. Les Shechems et Delilahs modernes le savent dans leurs royaumes.

62. La pureté, c'est le pouvoir. Ne partagez jamais le secret avec les Dalila qui vous entourent, comme Samson.

63. La pureté, c'est le pouvoir. Ne descendez jamais à Timna et ne plaisantez pas avec elle comme Samson.

64. La pureté, c'est le pouvoir. Ne descends jamais à Gaza parce qu'une prostituée y attend de te vider, comme Samson.

65. La pureté est le pouvoir. Ne descends jamais dans la vallée de Sorek. Dalila y attend que tu connaisses ton secret et que tu le révèles à tes ennemis, comme Samson.

66. La pureté, c'est la force. Ne descends jamais dans la vallée de Sorek. Les Dalila peuvent t'y retenir.

67. La pureté, c'est la force. Ne descends jamais dans le lit de la vallée de Sorek. C'est une zone dangereuse.

68. La pureté, c'est le pouvoir. Les Delilahs spirituelles sont là pour raser ton pouvoir. Ne t'en mêle pas !

69. La pureté est le pouvoir. Les barbiers spirituels comme Delilah sont là pour raser vos cheveux-pouvoir.

70. La pureté est le pouvoir. Ne descends jamais dans la vallée de Sorek. Il peut être difficile d'y remonter.

71. L'impureté est une maladie spirituelle. Cherchez la guérison dans le courant du sang de Jésus-Christ.

72. Vous pouvez vaincre les tentations sexuelles. Croyez-le. C'est possible !

73. Vous n'êtes pas faible dans le domaine du sexe. C'est un mensonge de Satan.

74. C'est un mensonge satanique de dire et de croire que le sexe est votre principale faiblesse.

75. Vous pouvez être fort dans le Seigneur dans le domaine du sexe.

76. Comprenez la chimie de votre corps. Ne laissez jamais les hormones vous contrôler.

77. Contrôlez les produits chimiques de votre corps en ce qui concerne le sexe. Ils vous obéiront.

78. Dites NON aux relations sexuelles avant le mariage. Vos amis vous reconnaîtront pour ce principe dans la vie.

79. La hâte, c'est du gâchis ! Ne soyez pas pressé lorsqu'il s'agit de relations sexuelles avant le mariage.

80. Celui qui exige de toi des relations sexuelles avant le mariage déteste ton avenir glorieux.

81. Celui qui exige de vous des relations sexuelles avant le mariage déteste votre avenir glorieux.

82. Celui qui exige de vous des relations sexuelles avant le mariage veut amputer votre destin prometteur.

83. Celui qui exige de vous des relations sexuelles avant le mariage veut gâcher votre vie.

84. Celui qui exige des relations sexuelles avant le mariage veut gâcher les contributions de l'Église de Dieu à votre égard jusqu'à ce stade et au-delà.

85. Celui qui exige de vous des relations sexuelles avant le mariage veut que vous déceviez votre Créateur.

86. Celui qui exige de vous des relations sexuelles avant le mariage veut siphonner ce qu'il y a de meilleur en vous et vous laisser vide.

87. Celui qui exige de vous des relations sexuelles avant le mariage veut gaspiller vos talents et vos vertus.

88. Celui qui exige de toi des relations sexuelles avant le mariage veut te faire reculer et te rétrograder.

89. Celui qui exige de vous des relations sexuelles avant le mariage veut gaspiller l'investissement de Dieu dans votre vie.

90. Celui qui exige de toi des relations sexuelles avant le mariage veut te marquer d'une empreinte douloureuse. Tu ne peux pas l'être !

91. Celui qui exige de vous des relations sexuelles avant le mariage veut gaspiller les efforts de l'Église de Dieu à votre égard.

92. Celui qui exige de toi des relations sexuelles avant le mariage veut gaspiller les enseignements de Dieu en toi.

93. Celui qui exige de toi des relations sexuelles avant le mariage veut gaspiller tes dons spirituels.

94. Celui qui exige de vous des relations sexuelles avant le mariage veut gaspiller les efforts personnels que vous avez déployés dans votre vie jusqu'à ce moment-là.

95. Celui qui exige de vous des relations sexuelles avant le mariage n'a pas d'avenir glorieux. Il ou elle veut que vous vous joigniez à lui ou à elle.

96. Celui qui exige des relations sexuelles avant le mariage est un agent de destruction du destin.

97. Celui qui exige des relations sexuelles avant le mariage est une gomme pour le destin. Ne le permets jamais.

98. Celui qui exige que tu aies des relations sexuelles avant le mariage est un barbier spirituel. Il ou elle veut raser vos vertus et votre gloire.

99. Celui qui exige de vous des relations sexuelles avant le mariage veut gâcher tous vos jeûnes et toutes vos prières jusqu'à ce moment-là.

100. Celui qui exige de vous des relations sexuelles avant le mariage veut gaspiller les efforts spirituels que vous avez déployés pour vous construire et construire votre vie chrétienne jusqu'à ce moment-là.

101. Celui qui exige de toi des relations sexuelles avant le mariage veut te blesser. Évitez la blessure.

102. Celui qui exige de toi des relations sexuelles avant le mariage veut t'utiliser et te jeter.

103. Celui qui te demande des relations sexuelles avant le mariage veut que tu sois une mariée décorée le jour de ton mariage.

104. Celui qui exige de vous des relations sexuelles avant le mariage veut que vous soyez une mariée étiquetée et étiquetable.

105. Celui qui exige de toi des relations sexuelles avant le mariage veut que tu sois une mariée perforée.

106. Celui qui exige de toi des relations sexuelles avant le mariage veut que tu te maries en pleurant.

107. Gardez votre pureté. C'est la Bible, pas des panneaux d'affichage sur le sexe.

108. Effacez les pensées immorales de votre esprit.

109. Refusez d'être attaquée sexuellement.

110. Refusez les offres sexuelles avec des cadeaux coûteux comme appâts.

111. Surveillez quotidiennement vos désirs et vos pensées sexuelles.

112. Veillez quotidiennement à votre vie spirituelle dans la parole de Dieu.

113. Concentrez votre énergie sur la pensée biblique et positive.

114. Dites à votre corps que vous pouvez être pur.

115. Un homme immoral veut vous faire tomber.

116. Une femme immorale veut t'abattre.

117. Ton corps répondra à ce que tes pensées lui apportent.

118. Les relations sexuelles avant le mariage font reculer. Il vous amputera. Surveillez vos pensées chaque jour.

119. Arrêtez les mensonges sataniques sur le sexe avant qu'ils n'atteignent vos émotions et les substances chimiques de votre corps.

120. Observez ce qui vous vient à l'esprit à propos du sexe à la radio, à la télévision, dans les quotidiens et les magazines.

121. Les caresses sont dangereuses pour vous si vous voulez être purs sexuellement.

122. Les caresses sont de l'insouciance. Cela vous ruinera. Arrêtez tout de suite.

123. Les pornographies sont des agents sataniques envoyés pour vous détruire intérieurement. Détruisez-les maintenant.

124. Les pornographies sont des stimuli sataniques qui vous poussent à la destruction. Brûlez-les avant qu'elles ne vous brûlent.

125. Les baisers érotiques peuvent tuer. Ne jouez pas avec.

126. Les baisers érotiques peuvent vous transmettre le VIH/SIDA par le partenaire infecté. Évitez-le !

127. Les étreintes érotiques peuvent vous accrocher tous les deux sexuellement. Évitez les contacts dangereux.

128. Le flirt est une infatuation. Faites preuve de maturité d'esprit et de cœur.

129. Le flirt est toujours décevant. Concentrez-vous sur ce qui est juste.

130. Évitez les endroits sombres avec le sexe opposé, à moins que vous ne vouliez écourter votre témoignage.

131. Évitez à tout prix les caresses !

132. Et ne pratiquez pas les caresses !

133. Il vaut mieux être pur qu'impur.

134. Fuyez l'érotisme !

135. Fuyez les convoitises de la jeunesse - La Bible.

136. Ne prenez pas pour acquis que quelqu'un est spirituellement au-dessus de la tentation sexuelle.

137. Il n'y a rien de tel qu'une immunité sexuelle pour qui que ce soit, même pour vous. Guidez votre vie et votre avenir.

138. L'homme est créé pour donner sexuellement. Ne le tentez pas au nom de quoi que ce soit.

139. La femme est créée pour recevoir sexuellement. Ne gâchez pas sa précieuse vie.

140. Portez vos pensées dominantes sur le sexe à Dieu pour qu'il les purifie par le sang de Jésus.

141. Refusez d'être taquiné par les impies qui vous entourent. Restez en compagnie de personnes pieuses !

142. N'allez jamais à une sortie ou à une fête impie avec ceux qui ne croient pas en votre pureté sexuelle. Ils peuvent planifier une agression sexuelle contre votre volonté.

143. Refusez les offres étranges, comme la nourriture et les boissons, des impies. Ils peuvent vous séduire et vous violer sexuellement.

144. Maintenez votre vocation chrétienne avec les mêmes saints sur la course. Les chrétiens appartiennent à une autre génération.

145. Soyez sages et fuyez les relations sexuelles avant le mariage. Obéissez à Dieu plutôt qu'aux hommes en matière de sexe.

146. Évitez de rester tard dans la nuit avec le sexe opposé. Évitez les visites nocturnes imprudentes.

147. Lorsque vous voyagez avec votre prétendant, évitez à tout prix de dormir ensemble. Soyez sage !

148. Laissez les parties intimes privées devant le sexe opposé. Ne l'amusez pas avec cela. Observez les robes à connotation sexuelle.

149. Évitez les robes suggestives et transparentes devant le sexe opposé et en public.

150. Aucun rapport sexuel n'est sûr. La pureté est le plus sûr.

151. Les rapports sexuels protégés par un préservatif ne sont pas du tout sûrs en dehors du mariage. Ne vous laissez pas tromper. Les relations sexuelles avant le mariage ne sont pas gratuites du tout !

152. Ne vous vendez pas à bas prix à cause du sexe.

153. Refusez d'être vaincus par le sexe. Vainquez-le en étant pur.

154. Refusez de pleurer plus tard dans votre vie à cause de vos péchés sexuels.

155. Soyez un exemple de piété pour les autres dans le domaine du sexe.

156. Rappelez-vous que vous vous présenterez un jour devant une foule en tant que dirigeant pour lui faire part de votre passé en matière de sexualité.

157. Faites confiance à Dieu pour vous soutenir sexuellement.

158. Lisez toujours des livres pieux qui peuvent promouvoir la pureté en vous.

159. Fortifiez-vous quotidiennement dans la parole de Dieu.

160. Si vous n'êtes pas un bordel, ne vous habillez pas comme tel et ne vous attendez pas à ce que les gens vous traitent comme un frère en Christ ou un saint.

161. Si quelqu'un vous supplie d'avoir des relations sexuelles, demandez-lui quelle est son expérience sexuelle. Il se peut qu'elle l'ait fait avec quelqu'un d'autre, mais qu'elle n'en ait pas été satisfaite.

162. Si vous êtes tenté par le péché sexuel et que vos deux jambes ne sont pas encore amputées, courez pour sauver votre vie et votre témoignage.

163. Je tombe amoureux de lui ou d'elle est un slogan courant. Déchirez-la lorsqu'elle est contraire à vos convictions chrétiennes sur les péchés sexuels.

164. La stimulation sexuelle ne fait que créer un appétit pour plus de stimulation sexuelle - Dave Burrows.

165. Plutôt que d'acheter des cadeaux coûteux au sexe opposé au nom de l'amour, économisez votre argent pour acheter des matériaux tangibles dont vous aurez besoin dans votre future maison.

166. Construisez votre base économique solidement avant d'y ajouter un autre engagement par le biais du sexe.

167. Développez les qualités qui vous rendront fort sexuellement avant de commencer à vous en occuper.

168. Prenez le temps d'évaluer les dangers et les conséquences du sexe avant de vous déshabiller. Il est coûteux d'en faire le bilan plus tard.

169. Le sexe à la radio, le sexe à la télévision, le sexe sur les panneaux d'affichage et le sexe partout, vérifiez dans votre Bible si ces informations sont correctes.

170. La musique peut guérir, mais elle peut aussi blesser. Faites attention au type de musique que vous écoutez.

171. Rien n'est mauvais en soi. Mais le bon sens veut que certaines robes soient produites à des fins sexuelles. Évitez-les ! Zeph. 1:8.

172. Évitez les promenades solitaires dans un coin. Une jeune fille célibataire non accompagnée n'était (n'est) jamais en sécurité. Elle était (est) une proie facile pour tout jeune homme viril - David Wyrtzen (C'est moi qui souligne).

173. Évitez les rapports sexuels sanglants sur un lit à bascule. En versant le sang de votre virginité sur un lit étranger, vous formez une alliance démoniaque et destructrice avec un partenaire étranger.

174. Toute personne pratiquant des relations sexuelles avant le mariage a tendance à tuer par l'avortement.

175. Les relations sexuelles avant le mariage mènent au meurtre. Ne soyez pas un meurtrier.

176. Le sexe est aussi simple que de s'en abstenir jusqu'au moment opportun.

177. N'éveillez pas l'amour tant qu'il ne vous plaît pas - La femme Shulamite.

178. Ne vous exposez pas à la tentation sexuelle et n'utilisez pas l'évangélisation comme un mécanisme de défense pour faire ce que vous n'êtes pas censé faire.

179. La tendance à commettre un péché sexuel est en vous comme en toute autre personne sur terre. Surveillez-la chaque jour.

180. Ne soyez pas trop spirituel en pensant que vous ne pouvez pas commettre de péchés sexuels si vous ne vous guidez pas à chaque instant.

181. En commettant un péché sexuel, vous marchez dans les territoires des ennemis. Vous serez blessé en repartant.

182. Le péché sexuel enlèvera vos vêtements spirituels.

183. Le péché sexuel vous enlèvera vos armes spirituelles. Ceignez-vous.

184. Ne déposez pas vos armes spirituelles au nom du sexe. Il sera difficile de les récupérer.

185. La société qui vous entoure promeut l'impureté sexuelle, mais la Bible promeut la pureté sexuelle. Suivez-la !

186. Dieu pardonne les péchés sexuels, l'homme vit avec leurs répercussions.

187. Le sang de Jésus-Christ purifie des taches des péchés sexuels, mais l'homme doit vivre avec sa honte.

188. Dites non aux relations sexuelles avant le mariage dès le début de votre relation avec votre partenaire et faites-en votre mot d'ordre.

189. On n'aime pas vraiment celui ou celle avec qui on couche avant le mariage. C'est de la luxure !

190. Ne vous laissez pas blesser sexuellement et ne cherchez pas plus tard un remède.

191. Il est bon de rester sans blessure sexuelle.

192. Dieu peut t'aider à être pur. Demande-lui de t'aider.

193. Décidez d'être pur. Restez pur. Vivez une vie pure. Il est possible d'être pur.

194. Encouragez la pureté sexuelle par vos actions et votre vie.

195. Décidez d'être un autre Joseph et une autre Marie dans vos fréquentations.

196. Une fois que vous aurez décidé d'être saints, le Saint-Esprit viendra vous aider.

197. Si vous pensez que vous ne pouvez pas être saints, Satan apportera le péché sur votre chemin. Décide-toi maintenant !

198. Le paradis est pour les êtres purs et saints parce que c'est un lieu saint.

199. Décidez d'aller au ciel avec votre partenaire dans la pureté sexuelle.

200. Croyez en Sex Without Sin aujourd'hui !

201. Dites que je vais vivre une vie de sexe sans péché ! Allez-y et vivez de même !

CHAPITRE X : 50 MAGNIFIQUES VERSETS BIBLIQUES SUR LE SEXE

1. Mon fils, sois attentif à ma sagesse, prête l'oreille à mon intelligence - Pro. 5:1.
2. Écoutez-moi donc, mes enfants, et ne vous écartez pas des paroles de ma bouche - Pro. 5:7.
3. De peur que vous ne donniez votre honneur à d'autres, et que votre travail n'aille à la maison d'un étranger, et que vous ne vous lamentiez enfin, quand votre chair et votre corps seront consumés, et que vous ne disiez : "Comme j'ai haï l'instruction, et comme mon coeur a méprisé la correction ! Je n'ai pas écouté la voix de mes maîtres, je n'ai pas prêté l'oreille à ceux qui m'instruisaient ! -Pro. 5:9-13.
4. Car pourquoi toi, mon, tu te laisserais séduire par une femme impudique, et tu t'enlacerais dans les bras d'une séductrice ? -Pro. 5:20.
5. Mon fils, garde l'ordre de ton père, et n'abandonne pas la loi de ta mère... Quand tu erreras, ils te garderont ; quand tu dormiras, ils te garderont, et quand tu te réveilleras, ils te parleront-Pro. 6:20, 22.
6. Car j'ai regardé par la fenêtre de ma maison, et j'ai vu parmi les simples. J'ai vu, parmi les jeunes gens, un jeune homme dépourvu d'intelligence, qui passait dans la rue près du coin, et qui prenait le chemin de sa maison, au crépuscule, au soir, dans la nuit noire et obscure. Et là, une femme le rencontra, avec une tenue de prostituée et un cœur rusé - Pro. 7:6-10.
7. Par ses discours séduisants elle le fit céder, par ses lèvres flatteuses elle le séduisit-Pro. 7:21.
8. Car les lèvres d'une femme impudique ruissellent de miel, et sa bouche est plus douce que l'huile ; mais à la fin elle est amère comme l'absinthe, tranchante comme une épée à deux tranchants. Ses pieds descendent vers la mort, ses pas s'attachent à la géhenne-Pro. 5:3-5.
9. Il la poursuivit aussitôt, comme un bœuf va à la boucherie, ou comme un insensé à la correction des actions-Pro. 7:22.
10. Il n'y a pas d'autre solution que d'aller à l'abattoir. Comme un oiseau se précipite au collet, il ne savait pas que cela lui coûterait la vie-Pro. 7:23.
11. Que ton cœur ne se détourne pas vers ses voies, qu'il ne s'égare pas dans ses sentiers. 7:25.
12. Ne convoite pas sa beauté dans ton cœur, et ne te laisse pas séduire par ses paupières-Pro. 6:25.

13. Car elle a fait tomber beaucoup de blessés, et tous ceux qu'elle a tués étaient des hommes forts -Pro. 7:26.

14. Car c'est par une prostituée qu'un homme est réduit à une croûte de pain, et une femme adultère s'en prend à sa précieuse vie -Pro. 6:26.

15. Celui qui commet l'adultère avec une femme manque d'intelligence ; celui qui le fait détruit son âme -Pro. 6:32.

16. Il recevra des blessures et du déshonneur, et son opprobre ne sera pas effacé-Pro. 6:33.

17. Car c'est du cœur que sortent les mauvaises pensées, les meurtres, les adultères, les fornications... Ce sont là les choses qui souillent l'homme-Mat. 15:19-20.

18. Mais moi, je vous dis que quiconque regarde une femme pour la convoiter a déjà commis un adultère avec elle dans son cœur-Mat. 5:28.

19. C'est pourquoi Dieu les a aussi livrés à l'impureté, par les convoitises de leur cœur, pour qu'ils déshonorent leurs corps entre eux-Mm. 1:24.

20. Marchons correctement, comme au jour, non dans les excès et l'ivrognerie, non dans la débauche et la luxure, non dans les querelles et la jalousie -Rm. 13:13.

21. On rapporte en effet qu'il y a parmi vous de l'immoralité sexuelle, et une immoralité sexuelle telle qu'il n'y en a pas même chez les païens... Vous vous êtes enflés, et vous n'avez pas plutôt pris le deuil... 1 Cor. 5:1-2.

22. Je vous ai écrit dans mon épître de ne pas fréquenter des personnes sexuellement immorales...1 Cor. 5:9.

23. Mais maintenant je vous ai écrit de ne pas fréquenter quelqu'un qu'on appelle frère, qui soit impudique, ou cupide, ou idolâtre, ou outrageux, ou ivrogne, ou ravisseur, et de ne pas même manger avec lui-1Cor. 5:11.

24. Ne savez-vous pas que les injustes n'hériteront pas du royaume de Dieu ? Ne vous y trompez pas : ni les fornicateurs, ni les idolâtres, ni les adultères, ni les homosexuels, ni les sodomites, ni les voleurs, ni les cupides, ni les ivrognes, ni les outrageux, ni les extorqueurs n'hériteront du royaume de Dieu-1 Cor. 6:9-10.

25. Fuyez l'immoralité sexuelle. Tout péché qu'un homme commet est en dehors du corps, mais celui qui commet l'immoralité sexuelle pèche contre son propre corps-1 Cor. 6:18.

26. Ne savez-vous pas que vos corps sont des membres du Christ ? Prendrai-je les membres du Christ pour en faire les membres d'une prostituée ? Certainement pas !1 Cor. 6:15.

27. Ou bien ne savez-vous pas que votre corps est le temple du Saint-Esprit qui est en vous, que vous tenez de Dieu et que vous ne vous appartenez pas ? -1 Cor. 6:19.

28. Mais je dis aux célibataires... qu'il est bon de demeurer... -1 Cor. 7:8.

29. Mais s'ils ne peuvent se maîtriser, qu'ils se marient. Car il vaut mieux se marier que de brûler de passion-1 Cor. 7:9.

30. Mais si quelqu'un pense qu'il se conduit mal envers sa vierge... qu'il se marie - 1 Cor. 7:36.

31. Cependant, celui qui demeure ferme dans son coeur, sans nécessité, mais qui a résolu dans son coeur de garder sa vierge, fait bien - 1 Cor. 7:37.

32. De peur qu'à mon retour... je ne sois affligé par plusieurs de ceux qui ont déjà péché et qui ne se sont pas repentis de l'impureté, de l'impudicité et de la débauche qu'ils ont commises-2 Cor. 12:21.

33. Or, les oeuvres de la chair sont évidentes : adultère, fornication, impureté, débauche... et autres choses semblables. Je vous déclare d'avance, comme je vous l'ai dit autrefois, que ceux qui pratiquent de telles choses n'hériteront pas du royaume de Dieu - Gal. 5:19, 21.

34. C'est pourquoi je dis et j'atteste dans le Seigneur que vous ne devez plus marcher comme le reste des païens, dans la futilité de leur esprit... qui, ayant dépassé les sentiments, se sont livrés à la débauche, pour commettre toute espèce d'impureté... Eph. 4:17, 19. Mais l'impudicité et toute impureté... qu'on n'en parle même pas parmi vous, comme il convient à des saints - Eph. 5:3.

35. Mais l'impudicité et toute impureté... Eph. 4:17, 19.

36. Vous savez en effet qu'aucun fornicateur, aucun impur... n'a d'héritage dans le royaume de Dieu - Eph. 5:5.

37. Que personne ne vous séduise par des paroles vaines, car c'est à cause de ces choses que la colère de Dieu vient sur les fils de la désobéissance - Eph. 5:6.

38. Faites donc mourir vos membres qui sont sur la terre : l'impudicité, l'impureté, la passion... Col. 3:5.

39. Car telle est la volonté de Dieu, votre sanctification : que vous vous absteniez de toute immoralité sexuelle - 1 Thess. 4:3.

40. Mais sachez que, dans les derniers jours, des temps périlleux vont venir, car les hommes seront amoureux d'eux-mêmes... sans maîtrise de soi... amoureux du plaisir plutôt qu'amoureux de Dieu - 2 Tim. 3:1-5.

41. De peur qu'il n'y ait un fornicateur ou un profane - Heb. 12:16.

42. Ayant les yeux pleins d'adultère et ne pouvant s'empêcher de pécher, séduisant les âmes mal affermies... 2 Pet. 2:14.

43. Mais j'ai quelque chose contre toi, parce que tu as là des gens qui suivent la doctrine de Balaam, qui enseignait à Balak à mettre une pierre d'achoppement devant les enfants d'Israël, ... et à commettre l'impudicité - Rev. 2:14.

44. Repentez-vous, sinon je viendrai à vous en hâte et je combattrai... - Rev. 2:16.

45. Cependant, j'ai quelques reproches à te faire. Parce que tu permets à la femme Jézabel, qui se dit prophétesse, d'enseigner et de séduire mes serviteurs pour qu'ils se livrent à l'impudicité... Rev. 2:20.

46. Je lui ai donné du temps pour se repentir de son impudicité, et elle ne s'est pas repentie - Rev. 2:21.

47. Je la jetterai sur un lit de maladie, et ceux qui commettent l'adultère avec elle, dans une grande tribulation, à moins qu'ils ne se repentent de leurs oeuvres - Rev. 2:22.

48. Afin que chacun de vous sache posséder son propre vase dans la sanctification et l'honneur, et non dans la passion du désir, comme les païens qui ne connaissent pas Dieu - 1 Thess. 4:4-5.

49. Ce sont ceux qui n'ont pas été souillés par des femmes, car ils sont vierges. Ce sont elles qui suivent l'Agneau partout où il va - Rev. 14:4.

50. Car il a paru bon au Saint-Esprit et à nous de ne vous imposer d'autre fardeau que ces choses nécessaires : vous abstenir des choses offertes aux idoles, du sang, des choses étouffées et de l'impudicité. Si vous vous abstenez de ces choses, vous ferez bien. Adieu. - Acts 15:28-29.

TABLE DES MATIERES

MIX
Papier aus verantwortungsvollen Quellen
Paper from responsible sources
FSC® C105338

FSC
www.fsc.org

Printed by Books on Demand GmbH, Norderstedt / Germany